『君たちはどう生きるか』集中講義

こう読めば１００倍おもしろい

浅羽通明

GS
幻冬舎新書
520

『君たちはどう生きるか』集中講義／目次

DTP 美創

プロローグ——昭和純情篇

ヒロインが登場しないマンガ版、逝ってよし

『君たちはどう生きるか』がマンガ化され売れていると聞いて、さっそく書店で頁をめくってみました。

がっかりだよ……。なんだ、これは。

それが私の率直な感想でした。

まずめくった頁は、主人公たちがナポレオン・ボナパルトの生涯を語る章です。

なぜかというと、いよいよヒロインが登場するシーンだからです。それも、主人公のへたれ少年をいたぶる本格的セレブお嬢様で歴女で超絶スポーツ女子でツンデレでドSの年上美少女が……です！

アニメ化、いやマンガ化ともなればまず気になるのはそこじゃありませんか。

ところが——

期待はものの見事に外されました。

絵柄が好みじゃないので萌えないなんてレベルじゃありません。

マンガ版では彼女が登場するエピソードすべてが完全にカットされていたのです。

ストーリー自体もずいぶんと変わっていました。

これではまったくおもしろくないではないか。

だって、惣流・アスカ・ラングレーが出てこない（もちろん、式波も、綾波レイも出てこない）「新世紀エヴァンゲリオン」なんて、誰が観るものですか。

ハリー・ポッター風絵柄で描かれたシンジ君が、「逃げちゃだめだ、逃げちゃだめだ」とか延々悩んで、加地リョウジの助言でようやく「どう生きるか」を決意するだけだったら、そんなのただの道徳の教科書でしょう。


そうです。

『君たちはどう生きるか』マンガ版は、つまらない道徳の教科書でした。アマゾン（Amazon）のレビューでも、読書メーター（bookmeter）の感想でも、その線でおすすめだというたぐいが主流。当然です。

しかし、そんな道徳の教科書が、二百万部を超える今年最高のベストセラーとなっている。

いったいどういうわけでしょうか。

ネットを漁ってみると、「ギフト需要」というキーワードがヒットしました。

ギフト需要――本は読むために買うものではない

なるほど！　です。私は腑に落ちました。そして思い当たりました。

『もし高校野球の女子マネージャーがドラッカーの『マネジメント』を読んだら』がベストセラーとなったとき、著者の岩崎夏海氏がインタビューされるたびに語っていたのです。書店のレジに必ず行列ができる日が年一回あると。それは天皇誕生日。十二月二十三日でした。なぜでしょう。

翌日がクリスマス・イヴだからですよ。プレゼント用の絵本や児童書がとにかく売れる。包装してリボンをかける手間でたいへんお待たせいたしますから、そりゃ行列もできますわな。

そして行列の主流は、「じっちゃんとばっちゃん」。かわいい孫に好かれるじいじばあばでありたいという切実な想いがあり、そこそこの小金なら持っていらっしゃる方々です。

スマホ代を払えばあとはたいして欲しいものなんかない時代、消費へのインセンティブなんてこういうところにしかないのです。

岩崎氏は、売れる本を書こうと志したとき、ドラッカーの教えに従い「真の顧客を捉えよう」と考えた。本の真の顧客は誰か。それは親御さんだ。「子どもの本は買いやすい」。だから、「子どもには本を読んでもらいたいし、できれば勉強になる本を読んで欲しい」と考えている「親を狙い撃ちにしないといけない」。

「親が子どもに贈りたくなる本がものすごく売れることに気付きました」（以上は、livedoor NEWS ２０１２年８月23日付より）。

これですね。

本を書く著者。編集者。彼らは本が好きで本を読むのが好きなので、本を売るのは苦手な人が多いです。

なぜなら「真の顧客」がわかっていないから。本とは読むものだという固定観念に囚われて的を外してしまうのです。

しかし、本の顧客とは、あくまでも本を「買う人」であって「読む人」とは限らないのでした。先ほど引いたアマゾンレビューや読書メーターの感想も、「おすすめ」がほとんどなのです。子どもに読ませたくて買った。若い人に読んで欲しい etc.。

『君たちはどう生きるか』は、「読みたい本」ではないのです。「読ませたい本」なのです。より正確にいえば、「読ませたい本」っぽい体裁（この場合、タイトル）の本、いかにも「読んでもらいたい本」、「勉強になる本」らしくて格好がつくからギフト商品として二百万部を超えるヒットなのです。

だからこそ、数年前の小学校入学に際して、孫のランドセルを父方母方どちらが贈るかで壮絶なバトルを演じた祖父母の皆さんが、飛びついたのです。

ヒットを知った新聞などにコメントを求められた識者で、ここに気づいた先生はほとんどいませんでした。

こうした「消費としての読書」事情に強いと見える斎藤美奈子先生ですら、「ヘイトスピーチ、安保法制、共謀罪」など、「〈偏狭な国粋主義や反動的な思想〉に対する漠然とした不安」が、大日本帝国が日華事変から大東亜戦争へなだれこむ戦雲の時代（一九三七年つまり昭和十二年）に執筆刊行された「この本を思い出させ、選ばせている可能性は十分あり得る」なんておっしゃっている（ｗｅｂちくま「世の中ラボ 第92回 なぜいま『君たちはどう生きるか』なのか」）。

シャープな若手、古市憲寿《ふるいちのりとし》先生も、人生百年時代到来をまえに、「気分が若い」中高年の定年後の不安へ、直截なタイトルが刺さったのだとけっこうベタなコメントを2017年12月15日付朝日新聞朝刊へ寄せていました。

しかし、アマゾンレビューなどで見る中高年層からしき書きこみからは、そうした気配は感じられません。若い人に読ませたい、若い頃読みたかった（昔の自分へ「読ませたい」ですね）以外では、懐かしかった系の感想が目立ちます。

そういえば、十年ほど昔、懐かしい受験参考書が復刻されて売れているという記事を読みました（２００９年10月12日付朝日新聞朝刊）。一生懸命頑張った青春へのノスタルジー需要です。

『君たちはどう生きるか』は、昭和十二年の刊行時よりも、戦後、改訂復刊されてから、読書感想文課題図書の定番として浸透してゆきました。素直な優等生だった頃を懐かしむ中高年層が、一定数いらっしゃるのかもしれません。

なぜ売れたかについての識者のコメントで、的を射ていたのは、あの池上彰先生でしょうか。「（ヒットしたのは）子どもみずからが読みたくて買っているというよりも、両親やおじいさん、おばあさんが、子どもたちに読ませたいと買い与えているためだと思います。いまの父親や母親は自分の子どもにも「こうしなさい」「こう生きるべきだ」なんて押し付けがましいことをいえません。そこに登場したのがこの本です」（「文藝春秋」２０１８年３月号、吉野源三郎長男源太郎氏との対談で）。

２０１７年10月5日付東京新聞夕刊は、全国の学校教師、職員から、学級文庫用などに複数購入したという読者カードが版元に続々届いたと報じていました。年配の教師に始まり、次第に各層へ広がったそうです。関西大学中等部が全新入生へ、埼玉工業大学は全卒業生へと、一括購入して配る動きもあったといいます。

孫へのギフト需要に加えて、教師たちの大人買いならぬ学校買いで勢いがついたベストセラーらしい。

メディア論で知られる京都大学の佐藤卓己《たくみ》教授も、「戦後平和主義の戦略家・吉野源三郎」（「中央公論」2018年5月号）で、前掲の池上発言を引用しつつ、「『君たちはどう生きるか』は一般の生徒・学生よりも、教育者及びその予備軍に愛読されてきた作品である」とまとめています。

リアルさとシビアさ――凡庸な道徳教科書とはここが違う

マンガになった道徳の教科書が、ギフト需要という大穴に見事はまって大ヒット。

それだけならば、流行っておもしろいねという以上、特にいうべきことはないでしょう。

しかし私は、それだけではちょっともったいないなと考えました。

『君たちはどう生きるか』は、旧制中学二年生の少年本田潤一、あだ名はコペルニクスからとったコペル君十五歳を主人公とした小説仕立てとなっています。全十章。いくつかの章の末尾には、コペル君と親しい「おじさん」（母親の弟で大学を出たての法学士）が、その章で起こったことやコペル君が考えたことを受け止め、年長の知識人の視点から問いかけやサジェスチョンを加え、時にレクチャーをする「おじさんのノート」が付いています（この「ノート」はマンガ版でも文章のまま残されました）。

おじさんは東京帝国大学法学部卒という当時最高の若手知識人であり、コペル君が心から尊敬し信頼している「導者《グル》」（最近の流行語でいえばメンター）です。

小説のほうは、コペル君の学校が主舞台。前半では家が貧しい浦川君をいじめた山口を、正義感が強い北見君が暴力に訴えて止めさせ、叱られた一件がクライマックスとなります。後半では、コペル君と親友水谷君、また前半の事件以来親密となった北見君、浦川君が、北見君を生意気だとして狙う上級生から守ろうと団結するが、いざとなると怖くなったコペル君が仲間を裏切る。そして心底悩んで学校へ行けなくなる。

そんなストーリーです。

マンガ版は当然、このふたつのクライマックスを中心とし、多くのサブエピソードは省かれました。

弱いものいじめ、正義の暴力、約束と裏切り。いかにも道徳の教材ですよね。

私は中学生の頃、『君たちはどう生きるか』を知っていました。たしか読んだはずですが、内容は記憶にありません。道徳の教科書っぽさが、どうにもつまらなくて白けたのでしょう。

岩波文庫版で再読したのは、一九八〇年代終わり、バブルの時代でした。

そのとき私はこれは、ありきたりの道徳的物語とは少しノリが違うぞとようやく気がついたのです。

どう違うのか？

一点だけ挙げてみましょう。友との堅い約束を裏切ってしまったコペル君は、悩みに悩んで憔悴した末、おじさんに事情を打ち明けます。おじさんは、本当にすまないと思うのなら、はっきりあやまれと答える。すると、コペル君は、「そうすれば北見君たちは、機嫌を直してくれるかしら――」と訊ねます。

すると、おじさんは、

「それは、わからないさ」とすげなくもいうのです。

「じゃあ、僕、いやだ」とむずかるコペル君を、おじさんはいつになく厳しく諭します。素直に自分の過ちを認めれば、友達は機嫌を直して元通りの友達に戻ってくれるかもしれないし、やっぱり憤慨したまま絶交かもしれない。それでも君は文句をいう資格はない。どうしようもない……。

おっ、クールじゃないか。再読した私はそう感じて唸りました。

誠心誠意あやまればきっと気持ちは通じる。友達ならわかってくれるさ。そう慰める年長者や友達、あるいはドラマや本が古来どうにもこうにも多そうではありませんか。

そうではなく、現実のシビアさを隠したりごまかしたり決してしない道徳物語。これは新鮮でした。

道徳的な生き方は、たいがい現実の壁にぶつかります。実際にはそこで妥協やごまかしが生じる。

道徳の教科書のたぐいは、しばしばここで道徳を貫くのが大切と訴えて、リアリティを失います。すなわち嘘っぽくなり建前でしかなくなるのです。

おじさんもここで、コペル君に道徳を貫けと諭してはいます。しかしその結果がよいほうに転ぶとはいっていない。あやまったとしても、やっぱり絶交されておしまいかもと現実のシビアさをブレずにはっきり示し、現実に道徳を貫く困難さをも暗に語ってしまっている。

私は、この包み隠さない姿勢に共感したのです。

このシーンは、マンガ版でも描かれていました（268頁〜271頁）。しかし、微妙に修正され、シビアさが和らげられてしまっている。興味ある方は岩波文庫版の233頁〜235頁と比べてみてください。

ここで唸らされた私は、岩波文庫版に解説として付された丸山眞男の『君たちはどう生きるか』をめぐる回想」で、また眼を見張らされます。後で紹介するように、戦後日本の思想と社会科学へ甚大な影響を与えた神的知識人丸山眞男は、「三、ニュートンの林檎と粉ミルク」

を読んで、これは「資本論入門」だと喝破するのです。

いまマルクスから本当に学べること……

文芸評論家の斎藤美奈子先生は『文庫解説ワンダーランド』所収の「レジェンドが鎧を脱ぎ捨てたら」で、福岡伸一先生は連載コラム「動的平衡」（2018年4月12日付朝日新聞朝刊）で、やはりここに注目しています。

私も、一九九〇年、『ニセ学生マニュアル［死闘篇］』（徳間書店）という著で、ここを引用しました。もしかしたら、平成期でもっとも早い『君たちはどう生きるか』への言及だったかもしれません（笑）。

『資本論』の著者マルクス、エンゲルスの思想が、『君たちはどう生きるか』の大きな背景となっている。そう気づかされた私は、「五、ナポレオンと四人の少年」末尾の「おじさんのノート」は、マルクス主義による歴史の捉え方、すなわち「唯物史観」の巧みな解説なのだとわかり、二〇〇四年刊の『ナショナリズム』（ちくま文庫）でも引用しました。

私は、あやまればわかってくれるのではと期待するコペル君の甘さを諭すおじさんのシビアさと、資本論の思想、また唯物史観は、しっかりつながっているひとつのものだと考えています。

こうしたマルクス主義の思想は、冷戦終結、ソ連崩壊のあたりから、いよいよ評判を落とし、忘れ去られたかに見えました。

他方、世紀が替わった頃から、日本でも格差拡大、中流崩壊、貧困復活が語られ、マルクスの復権も叫ばれるようになる。

しかし私は、否定され忘れられて当然とされた側面、いま復権されるべきだといわれる側面、そのどちらとも異なるところに、マルクスから学ぶべきものがおおいにあると考えるのです。人生の身近な問題を考え、内外の時事問題を把握し、場合によっては行動してゆくために……、であります（ここ、詳しくは216頁以下を参照）。

『君たちはどう生きるか』こそはその格好の教材なのです。

しかし、『君たちはどう生きるか』のおもしろさは、それだけではありません。

「チャーミングな逸話」たちに彩られて

斎藤美奈子先生は、「webちくま」で、「コペル君の野球の実況中継、（中略）水谷君の姉がナポレオンについて振るう弁舌など、原作のチャーミングな逸話」がマンガ版では削られているのが残念だと付言していました。

さすがは、ブームよりだいぶ以前からしばしば『君たちはどう生きるか』に言及してきた

「名著」通の斎藤先生ならではの慧眼《けいがん》です。

たしかに『君たちはどう生きるか』のデテールは、けっこう凝っていて読みごたえがある。コペル君の野球実況中継ごっこは、彼が、早慶戦のラジオ放送を完全再現できるマニアであるのを明かしますが、作者吉野源三郎は、戦後の復刊（現在のポプラ社版）に際して、これをプロ野球日本シリーズ「巨人vs南海戦」に替え、四番バッター川上哲治が登場するなど細部まで書き直す凝りようです。野球おたくですね。いま吉野が生きていて平成版を出したら、ここは大リーグ試合中継となりイチローや大谷翔平が登場しているかもしれません。

さて――、斎藤先生のいう「水谷君の姉が振るうナポレオンについての弁舌」というのが、まさしく私が萌え絵を期待して完全に裏切られたと冒頭で難じたあのヒロイン登場シーンなのです。

それは「五、ナポレオンと四人の少年」にあります。

ここはたしかにチャーミングな逸話で、池上彰先生も『別冊NHK100分de名著　読書の学校　池上彰　特別授業「君たちはどう生きるか」』（NHK出版、以後『特別授業』と略します）で「小説としての深みとエンタテインメント性をもたせた」と評価しています。

しかし、それだけでしょうか。私の読み方ではそうではない。

じつはこの「五、ナポレオンと四人の少年」は、『君たちはどう生きるか』中の難所というべき章なのです。

池上彰先生は、ここを完全に誤読なさっているとしか考えられない。畏れおおくも、戦後の神知識人丸山眞男さえ、もしかしたらよくわかっていなかったのかもしれない。村瀬学という先生は、消化不良のまま、この章へ徹底批判を加えています（『君たちはどう生きるか』に異論あり！』言視舎、以後『異論あり』と略します）。

しかし、私は、あえてヒロインへの萌えを手がかりとして、この章を読みこんでみました。

そのとき、見えてきたのは、当時、知識人や学生が熱中した現代思想の二大流派が、ガチで対決するドラマと、イデオロギーというものが本来帯びていた魅力そして怖さでした。

そして、この章の歴史と思想をめぐるドラマは、後半で盛り上がる、暴力に屈しない戦いから卑劣に逃げた弱者の物語を準備する伏線ともなっている。

しかも、作者はこの思想と人間が織りなすドラマをよりスリリングとするべく、淡い初恋の物語で味つけしているのです！

本書では、『君たちはどう生きるか』のじつは肝というべきこの「ナポレオンと四人の少年」の章を、前半たっぷりかけて読み解いてゆきたい。

続いて、それを踏まえた後半では、友への裏切りと悔恨という表のストーリーの背景に仕込まれた、恐るべき裏のメッセージを解き明かします。

そして、その先に考えられるいま書かれるべき、リアルに読める同時代の「道徳」の本にまで話題を届かせてみたい。

それではまず、ヒロイン登場のシーン。誘惑する年上美少女とコペル君の初恋のエピソードから、始めましょう。


繰り返しとなりますが、『君たちはどう生きるか』には、表層的な物語の奥に深い洞察が潜ませてあったり、本筋から外れているが、さまざまな思索を誘うディテールが仕掛けられたりしています。また、現代の我々が直面する諸問題と併せて考えてみたくなる箇所も多い。

それらを指摘していった結果、本書は、幾多の枝葉を分岐させたものとなりました。ところどころにある小さな活字の＊部分がそれです。

お急ぎの方は、そこは読み飛ばしてもまったくかまいません。

関心ある方はさらなる深みと広がりへと歩み出す足掛かりとしていただけたら幸いです。

前篇　美少女・ナポレオン・唯物史観

1937年のボーイ・ミーツ・ガール

『君たちはどう生きるか』は、主人公コペル君の淡い初恋物語としてもよく出来ているのではないか。

年上の美少女が登場して淡い恋の予感が漂う一番おもしろいところは、「五、ナポレオンと四人の少年」と題された章です。

繰り返しますが、マンガ版ではここはすべて削除されていて存在しません。

この章では、主人公コペル君が、親友北見君、浦川君とともに、やはり親友の水谷君宅へ遊びに行きます。

そして、水谷君の美しい姉かつ子さんが少年たちを迎えるのです。

コペル君たちは、戦前、昭和十二年頃の旧制中学二年生です。当時は義務教育が尋常小学校六年までの頃でした。

受験して特別に進学する学校という意味ではいまの高校にあたります。しかし、小卒十二歳で旧制中学一年生ですから、年齢的にはいまの中学生くらい。コペル君は、二年生で十五歳とありますが、これは数え年（戦前は一般的。いまの満年齢より一歳ほど加算される）でしょうか。高等小学校を経て進学したのでしょうか。戦前の学校制度はけっこう複雑でわかりにくいです。

進学率も現在の高校全入の時代からは想像もつきません。旧制中学を受験し入学するのは、同世代の八％ほど。現在でいえば、中の上以上の偏差値の大学への進学と同じくらいでしょうか。しかも、経済的理由で退学する例も珍しくなかった。

経済的にも能力的にも彼らはエリート少年たちです。そして旧制中学へ進学できるのは男子のみ。

さて、コペル君が親友ふたりと訪れる水谷君の家は、品川の丘の上にそびえる大邸宅です。コペル君の死んだお父さんも大銀行の重役でしたが、水谷君の父は、取締役だの頭取だの十指に余る肩書を持つ大財閥の総帥。セレブもセレブ、超セレブです。

コペル君の母子家庭にもばあやと女中がいますが、水谷邸では、書生さんがお坊ちゃんのご学友たちを「いらっしゃいまし」と迎え、広大な邸宅の迷路のような廊下を、子どもたちのためにに増築した新館まで案内するのです。その新館はふんだんにガラスを用いた鉄筋コンクリート造りでした。

これは昭和十二年の東京にあって、もっとも豪奢かつモダンな邸宅といってよいでしょう。

書生さんに連れられたコペル君が、そんな屋敷の奥、水谷君の部屋へ辿りつき、ノックすると、

「おはいんなさい。だあれ？」

と、女の人の美しい声がなかから答えました。

「戸をあけると、明るい部屋の中に、黄色いスウェーターの姿がクルッと動いて、コペル君の方を向きました。十七、八の、髪を断髪にした、キリッとした顔立《かおだち》のお嬢さんでした。水谷君の姉さんです」。

いよいよヒロインが華やかに登場しました。新年の挨拶ついでにさっそく、「相変わらず小ちゃいのねえ」とコペル君の弱点をいぢってくる水谷姉、かつ子さんです。

彼女が少年たちに取り巻かれている部屋は、「椅子は、一本の鋼鉄の棒を一筆書きのように曲げて、背中と腰のあたる部分に厚い布を張って出来ている、ハイカラな椅子でした。いや、この部屋にあるものは、机でも、書棚でも、卓上電灯でも、すべて、少しも余計な装飾がなく、簡単な美しい線で統一されています。で、部屋の中は、いかにもすがすがしく、近代的な明るい感じでいっぱいでした。大きな窓ガラスのむこうには、遠く品川の海が、チラチラと日光を照りかえしているのが見えます」と、このヒロインを飾る最適な舞台装置となっています。

そして、「水谷君の姉さんは女の癖に、コペル君たちと同じように、ズボンをはいているのです」。これは当時、珍しいどころかコペル君が「オヤオヤッ」と「不思議そうな顔で」見てしまう奇異な、先端的すぎるファッションでした。当時の左翼的前衛だった築地小劇場が『君たちはどう生きるか』を芝居にしたとき、かつ子さんは、モダンなパンタロンをはいて登場したと、丸山眞男は岩波文庫版の解説「『君たちはどう生きるか』をめぐる回想」で回想しています。

パンタロンにボブヘアー。ボーイッシュな装いは、男装の麗人系を狙っているのでしょうか。きっと十代前半は、松竹少女歌劇団（関西なら宝塚少女歌劇団）に夢中で、昭和十年前後、女学生たちが憧れる最大のアイドルだったターキーこと水《みず》の江《え》瀧子《たきこ》のブロマイドを集め、追っかけなんかをやっていたかもしれません。

といって、彼女は、そうした「軟派」な趣味だけに浸っているお嬢ではないのです。

「いわゆる万能選手で、スポーツはなんでも得意でした」。

なにしろ、バスケはクラスのレギュラー、バレーボールは学校代表、混合リレー短距離選手。レコードホルダーだという高跳びと幅跳びでは、来る東京五輪（昭和十五〈一九四〇〉年。日華事変の影響で中止）出場を狙っている、本格派の女子アスリートなのです。

歴女かつ子さん、コペル君をいぢる

この章のテーマは、章題にあるようにまずナポレオンです。

邸宅へ弟が連れてきた友人の少年たちへ、かつ子さんはナポレオンについて熱い弁舌を振るい、少年たちは完全にあてられてしまう。

とにかく、かつ子さんの歴史への情熱は半端じゃありません。

ナポレオンのミーハー、ナポレオン萌えそのものです。

先駆的なパンタロン・ガールかつ子さんは、また早すぎた歴女でもあったのでしょう。

史上のエピソードを通してナポレオンの「英雄的精神」を少年たちに説きながら、「かつ子さんの眼はいきいきと輝き、頬も上気してポーッと赤くなっています」。

そして、「かつ子さんは、興奮して、うっとりと遠くを眺めるような眼をしました。コペル君は、かつ子さんを、美しいなあと思いました」。

「英雄的精神」を漲《みなぎ》らせながら、運命のまえに敗退してゆくナポレオンの悲劇を語り終えたかつ子さんは、感動に浸る少年たちをしりめに、革命歌ラ・マルセイエーズを原語で口ずさむのです。

ところで、この章で語られるのは、ナポレオンばかりではありません。

少年たちが通う旧制中学における不穏な事態が語られ、『君たちはどう生きるか』後半の物語へ向けて、大きな伏線がここで敷かれるのです。

コペル君がかつ子さんに抱いたまだ恋とはいえぬくらいの淡い想いが、そこで決して無視できないポイントとなってきます。

しかし、そこは後篇でまとめて取り上げたい。

ここでは、あのかつ子さんがあと一回だけ登場するシーンを見ておきましょう。

それは、「八、凱旋」と題された章にあります。

後半の物語が、なんとかハッピー・エンドを迎えようとするところで、かつ子さんは、コペル君への個人的なある手紙を弟に託すのです。さすがにラブレターではありません。しかし、後篇（173頁）で触れますが、「読みながら、コペル君は手がふるえ」るような手紙ではあります。

ポケット一杯の秘密——お母さまには見せないで！

すごいのはそのあとです。直後にコペル君と会ったかつ子さんは、タクシーのなかで隣に座っているコペル君に、話しかけます。

「あの手紙、お母さんに見せたの？」

「ううん、まだ。」

「見せちゃいけなくってよ。——もっとも、見せるかも知れないと思って、ていねいな言葉を使っておいたんだけど。」

「じゃあ、いいじゃないの。」

「ダメよ。あれは、コペルさんへあげた手紙で、お母さんへあげたんじゃないわ。」

どうです？　これって、すごくないですか？

古典について、時代背景を忘れないで読もうなどとよくいわれますが、それはこういう部分をつい読み落とさないためにではないでしょうか。

昭和十二年の良家のセレブ令嬢と晩生《おくて》のお坊ちゃんですよ。年上のかつ子さんは、年下のうぶすぎる少年へ、お母さまにも見せてはいけないと、「秘密」を強要しているのです！　私とあなただけの「秘密」を、です。漸《ようや》く精神的乳離れを迎えた優等生少年がお母さんに隠す初めての秘密を……！

手紙の内容は、ラブレターでこそないけれど、けっこう個人的な心情が綴られている。それをお母さんには見せないでねと、十五歳の少年へささやく。これはなまじラブレターなどを渡すよりはるかに強烈な、そう、現代におけるへたな告白以上のゆさぶりでしょう。

その意味すらまだ充分にわからないコペル君は、一度「美しいなあ」と見とれてしまったかつ子さんに、もういぢられ放題ではないでしょうか。

『君たちはどう生きるか』最後の章、「十、春の朝」のラストで、コペル君は、これまでの物語を締めくくるようなある決意をノートへ綴りながら、よき友にめぐまれた幸福を想います。

そのとき、コペル君の眼に浮かぶのは、まず水谷邸の洋館とかつ子さんなのです。

そんなかつ子さん、どうやらナポレオンの史伝とかばかり読んでいるわけではなさそうですね。

ナポレオン崇拝者だったスタンダールとか、当時翻訳されたジュルジュ・サンドやミュッセのロマン主義恋愛小説、もしかしたらダンヌンティオの退廃的作品あたりまでを、父や兄の書斎に並ぶ円本全集や岩波文庫の赤帯で相当読んでしまっているのではないか。少なくとも当時の十代の男の子よりは、恋愛のあれこれにもはるかに通じていたに違いありません。

『君たちはどう生きるか』を、コペル君の初恋物語として読む。私は最初からずいぶんな変化球を投げてしまったでしょうか。

それっぽっちで初恋とか、いくらなんでも無理読みもはなはだしいと感じた方もおられるかもしれません。

しかし、当時の児童書が、恋愛をほんとうにタブーとしており、雑誌「少年倶楽部」などで開花し始めていた日本の少年娯楽小説も、そうした感情を「めめしい」ものとしてとにかく避けていた。

そんな状況を踏まえたならば、ここもまた、『君たちはどう生きるか』の大事な読みどころだというべきではないか。

＊こうした状況は、戦後、昭和三十年代くらいまで続きました。ちなみに、一九六二年の改訂版（現、ポプラ社版）では、「コペル君は、かつ子さんを、美しいなあと思いました」の決定的一行が、なぜか削除されています。十代のエリート子弟のみが読者対象だった戦前と比べ、学校図書館等が充実し児童においても読書がより大衆化した戦後、「不良化」がより警戒されたのでしょうか。あるいは戦後のほうが、純真な子どもを色恋からなるたけ遠ざけようとする児童文学界の童心主義がより浸透したと考えるべきなのか。手紙をお母さんに見せないでのくだりは、戦後版でも温存されました。

ともあれ、『君たちはどう生きるか』を評する論者はあまたおれど、この淡い恋に言及する人があまりに少ないようですから、ちょっと注意を喚起してみたかったのです。

しかし、それだけではありません。

このかつ子さんと彼女が熱く説くナポレオンの魅力が、『君たちはどう生きるか』全体のなかで、どういう位置づけにあるのかは、あまり語られることがないのです。

２０１７年12月15日付朝日新聞朝刊は、三人の識者に『君たちはどう生きるか』を語らせていますが、加えて、ふたりの女性記者が、この著の時代的な限界として、「主な登場人物に主人公の母親以外の女性がいない」点を指摘しています。むろん、マンガ版の話です。

そして、「原作には友人の姉らが出てくるが、それでも男の子たちの物語に映る」と、片づけてしまっている。

しかし、ここはじつのところ、とんでもなく重要な部分なのではないか。

かつ子さんのパートあってこそ、この「男の子たちの物語」に大いなるダイナミズムが生じえたとさえいえないか。

ここを平気でスルーしておいて、『君たちはどう生きるか』を良書だ名著だともてはやしたり、感動を語る人たちは、大事な何かを読み落としてはいないだろうか。

あえてそう問いかけてみたいのです。

たとえば、今回、マンガ版をおおいに売ったマガジンハウスが、さらなる上乗せをもくろんで刊行した原作の新版に、序文をよせているのが、あの池上彰先生です。

ナポレオン讃歌が平成のエリート高校生を戸惑わせた

池上先生には、武蔵高等学校中学校の生徒へ語った授業を基とした『特別授業』という117頁ほどの解説講義書があります。

第1講から第4講まであって、その第4講「「どう生きるか」について」で、「五、ナポレオンと四人の少年」が扱われている。

ところが、この池上彰先生の解読、私にはどうにも納得がゆかないのです。いいたくありませんが、支離滅裂な無理読みだとすら感じました。

なぜそう感じたのか？

ではここで、先生の講義内容を詳しく検討してみましょう。

第4講では、ナポレオン礼讃の部分を読んで戸惑った武蔵高校中学校生徒の声がまず紹介されます。

かつ子さんが語ったナポレオンのエピソードは幾つかあるのですが、殊に、ロシア遠征失敗の後、フランスへ殺到するヨーロッパ諸国連合軍を迎え撃たんと、ぼろぼろに疲れきった軍を率いて、敗色濃い決戦へ挑む姿に、現代日本のエリート高校生たちは呆れ、顔をしかめたらしい。

「疲れきっている兵隊を、勝ち目のない戦争に向かわせた。兵隊の気持ちがわかっていないというか、彼らのことを考えていない。そういうところが評価できない」。

「（中略）勝算のない戦いに人々を巻き込み、結果として多くの兵を飢え死にさせたナポレオンは、指導者として失格だと思う」。

ほかにも、戦いを得意分野とするナポレオンに国を率いらせてもうまくゆくはずがないとか、負けるとわかっている戦争をするのは愚かでみじめだとか、戦後の日本で平和主義教育を刷りこまれたエリート高校生にかかっては、稀代の英雄ナポレオンもかたなしです。

また、こんな意見も出たようです。

「ナポレオンは「苦戦を覚悟で出かけていった」とか、英雄的精神があれば「惜しい命さえ惜しくなくなってしまう」と書かれているのは、当時、日本が戦争に突入しようとしていたからではないか。もし戦争になったら、負けそうな局面でも命がけで国のために戦え、みたいな軍国主義的内容だと感じた」。

「ナポレオンの話は、この作品でちょっと浮いている気がした。（ほかの章では、友達へのおもいやりや、暴力で人を威圧する悪や、国際的な相互尊重のすばらしさが語られているのに）多くの血を流して戦争をしたナポレオンを称賛しているのは、やはり日本がどんどん軍国主義になっていく時代に書かれたからだと思う。英雄的精神みたいなことを盛り込まないと出版できないから、無理やり入れ込んだ感じがする」。

ようするに『君たちはどう生きるか』にあるナポレオン物語は、戦争を肯定したうえでのものであり、そんなナポレオンを賛美するのは、刊行当時の日本軍国主義への便乗か、少なくとも妥協ではないか。そういった感想ですね。

これらを紹介した池上彰先生は、「私は、みなさんとは違う読み方をしました」と語り始めます。

池上彰先生はナポレオン物語を「反戦」だと読み解くが……

そして、かつ子さんが、ナポレオンの英雄的精神を讃えるための例とした、最前線で敵のコサック兵を称賛したというエピソードを、池上先生は取り上げてこう分析するのです。

勇敢に戦ったコサック兵。彼らはナポレオンの敵、ロシア軍の精鋭です。彼らはロシアという「自分の国を自分たちで守ろうとして戦っている国民兵」であるから、「敵の大群にもひるまない」のだと。

対するに、ナポレオン軍はどうだったろうか。「重要な役割を果たしていたのは、外国人部隊でした。ナポレオンが征服した国々から集めた傭兵、いわゆる雇われ兵です」。池上彰先生はこうまとめ、『君たちはどう生きるか』から長い引用をします。

かいつまんで、再引用してみるとこんな内容です。ちなみにこれを語るのは、あのかつ子さんではありません。

この章に付けられた「おじさんのノート」からの引用です。

ナポレオン軍六十万人のほとんどは、遠征先のロシアでみじめにも凍死し餓死してしまった。彼らは、ヨーロッパ各国から集まった兵隊たちで、「何も自分たちの国のためにロシアまで出かけていったわけではなかった。彼らは祖国の名誉のために戦ったのでもなければ、自分たちの信仰や主義のために戦ったのでもない。命にかけて守らなければならないものは何ひとつなく、ただナポレオンの権勢に引きずられてロシアまで出かけ、その野心の犠牲となって、空しく死んでいったのだった」。

この引用をした池上先生は、「敗戦の色が濃くなると、外国人部隊の士気はおのずと下がります」と指摘します。そして、大東亜戦争初期、日本軍がマレー半島へ上陸してシンガポールへ快進撃できたのは、かの地のイギリス軍の兵士たちが皆、植民地にされたインド人だったため、マレーやシンガポール防衛のため命を投げ出す義理もなく、「日本軍に押し込まれると、逃げ出してしま」ったという史実を加えます。

ここから先生は、「どんなに弱い国も、自分の国が攻められると、みんな死にもの狂いになって戦うから強い。そもそも戦争というものはそういうものだと考えると、よその国を攻めていくということが、いかに愚かなことかということがわかります」という結論を導き出すのです。

自国を侵略者から死守しようとするときの国民兵は勇敢で強いのだから、侵略は愚かで無謀な行為であり、すべきでない。殊に、被征服者から徴発してきたような兵は、苦戦となれば士気が下がるので、そんな軍隊による侵略は愚の骨頂だというわけです。

ようするに池上彰先生は、『君たちはどう生きるか』の作者が、ナポレオンの戦史を語った真意は侵略戦争の愚を説くためなのだ。決して戦争賛美ではない。『君たちはどう生きるか』

は、やはりまぎれもない反戦の書なのだといいたいのでしょう。

だが、はたしてそうでしょうか。

ここがヘンだよ、池上先生の読解！

じつは、池上先生の論証には、ずいぶんおかしなところがあるのです。

これからそれをひとつひとつ摘出してみましょう。

まず、コサック兵の勇敢さに、敵将ナポレオンが感嘆したと、かつ子さんが少年たちに語ったのは、いつの戦いのエピソードでしょうか。

「千八百九年七月」です。史上、ワグラムの戦いといわれているものです。それはヨーロッパを征服してフランス皇帝の座を得、絶頂へのぼりつめたナポレオンへ、オーストリアが挑んだ戦いでした。

それに対して、池上先生が引用した、寄せ集めナポレオン軍がナポレオンの野心の犠牲となってみじめに敗死していった悲劇は、ワグラム戦の三年後、ロシア遠征における史実なのです。

わずか三年しか違いませんが、このふたつの戦争はまったく性格が異なります。

『君たちはどう生きるか』のなかでの扱われ方も、ワグラムの戦いは、かつ子さんのお話の冒頭でのみ取り上げられ（岩波文庫版では１４９頁）、ロシア遠征の失敗は、「おじさんのノート」でのみ記されている（岩波文庫版179頁）。文脈がまるで違うのです。

池上先生の解説は、後者の戦い、つまりロシア遠征についてならば、なるほどあてはまります。

ロシアの皇帝から農奴までが、そして勇猛なコサック騎兵が一致団結し、ナポレオンという侵略者から祖国ロシアの大地を防衛せんと、ボロジノの会戦を、モスクワ撤退戦を、追撃ゲリラ戦を、死にもの狂いで戦ったといえるでしょう。

しかし前者、ワグラムの戦いはこれらとは性格がいささか違う。ナポレオンがまたたくまに打ち立てた覇権、ヨーロッパ新体制に対し、イギリス王国とオーストリアのハプスブルク家という旧勢力が、既得権挽回を図って仕掛けた反動的戦争という性格が否めません。

オーストリアは、侵略者だったとはいえないまでも、侵攻した側であり、ナポレオンのほうが迎え撃った側なのです。

だからというといいすぎでしょうが、この戦いは、かつ子さんも語る通り、二日間の激戦の結果、ナポレオン軍の圧勝で終わっています。

ですから、たとえこの戦いで、勇猛果敢ぶりを発揮してナポレオンを感嘆させたコサック兵がオーストリア軍にいたとしても、「祖国ロシア」を死守する兵士とはいえないのです。

となると、池上先生が説く、コサック兵は、祖国防衛戦ゆえに勇敢だったという解説は成り立たなくなりますね。

ついでながら、ワグラムの戦いについてのかつ子さんの説明にも、いささかおかしいところがあります。

このとき、仇敵ナポレオンを包囲せんと結ばれた第五次対仏大同盟の中心はオーストリアとイギリスでした。ロシアはこのときはむしろナポレオンのフランス寄りで、数年まえ締結した露仏間のティルジット条約を守って同盟には加わりませんでした。そうなると、かつ子さんのいうナポレオン軍対オーストリアとロシアの連合軍という対立図式は成り立たないはずです。この図式で知られるナポレオンの戦いで有名なのは、ワグラムの四年前、オーストリアとロシアを中心とする第三次対仏大同盟がナポレオンと激突した一八〇五年のアウステルリッツの戦い（三帝会戦）でしょう。

ですから、ワグラムの戦いで、ロシア軍の精鋭であるコサック騎兵が、ナポレオンの強敵として押し寄せるという場面は、ありえません。

ただし、コサックは元々、国家から独立して、ロシア南部から中央アジアあたりに居住したり遊牧したりしていた勇猛な騎馬民族で、ロシアの軍隊に組みいれられ服属したのは、ナポレオンとの戦い以降らしい。だから当時、一種の傭兵として、オーストリア側で戦っていたコサックがいた可能性はありますが、だとしたら、祖国ロシアを守らんと死にもの狂いだったという池上解釈はなおのこと、あてはまらないでしょう。

ただ、ワグラムの戦いの頃のナポレオン軍は、フランスのために死にもの狂いとなったフランス人だけではなくなり、征服したドイツの諸国などからむりやり寄せ集めた軍隊だったがゆえ、かつての士気はなかったという一点は、池上先生のおっしゃる通りです。これを先生のように「傭兵」と呼ぶべきかは疑問ですが。

美しき誘惑者の登場――おじさんを阻む第二のメンター

池上先生ほどすぐれた啓蒙家がなぜ、十代向けの『君たちはどう生きるか』の解説で、こんなブレを見せてしまったのでしょうか。

どうやら先生も、また聴き手となった武蔵高校中学校の生徒たちも、「五、ナポレオンと四人の少年」で作者吉野源三郎が設けた構造というか、巧みな仕掛けが、うまく摑めていないのではなかったか。

池上彰先生は、すでに指摘したごとく、性格の異なるはずのワグラムの戦いとロシア遠征とをごっちゃにして論じています。そのうえで、作者の真意は反戦だと解釈しているのです。

武蔵高校中学校の一生徒は、『君たちはどう生きるか』全篇中、ナポレオンの話だけが浮いていると感じ、当時の軍国主義の下、禁圧されないためのアリバイとして、戦争讃美をしたのではないかと忖度《そんたく》しています。

これはどちらも違うのではないか。そしてどちらかといえば、「浮いている」と勘づいた生徒のほうが鋭いのではないか。

考えてみるに、「浮いている」と感じて当然なのです。

ワグラムの戦いで、敵なるコサック兵の勇猛さにしびれ、戦闘そのものに酔っているナポレオンを讃え、ロシア遠征敗退後の一八一四年、フランスへ殺到する敵諸国の軍に対し、疲れきった兵たちとともに苦戦を覚悟で最後の賭けに出るナポレオンの悲愴さに感じいったのは、コペル君でもなければ、おじさんでもない。彼らへのアンチとして登場して、『君たちはどう生きるか』全篇中、ここでだけ雄弁をふるうあのかつ子さんなのですから。

『君たちはどう生きるか』は、思春期の入り口であれこれ考えたり思い悩んだりする少年コペル君と、彼を見守り将来へ向けて示唆を与えようとする若き知識人おじさんとの問答が中心でしたよね。

しかしここで初めて、コペル君からすれば、ややおじさんに近い年長者で、博識多才なインテリといってもよいキャラクターが、もうひとり登場して来たのです。すなわち、かつ子さんです。

そして、第二のメンターかつ子さんは、コペル君から見たら同様に博識で知的に見えながら、おじさんとはまた違った「思想」を抱き、それを情熱的に語る、いわば党派を異にするインテリでした。

おじさんはたしかに、反戦平和を説いています。当時の時代風潮を意識するゆえ慎重にですし、後で検討するように、戦後日本の絶対的な反戦平和主義とはちょっと違った角度からですが。

だから、ロシア遠征の悲惨な犠牲についてもノートに記して、コペル君の眼を開かせようとしますし、戦争以外のナポレオンの事績であるエジプト考古学支援やナポレオン法典制定へ興味を向けさせようとします。

ですから、池上彰先生が、『特別授業』の90頁～91頁や94頁～95頁のように、おじさんのこうした示唆を念頭においていう限りならば、この章がナポレオンを題材とした反戦の訴えだと解釈するのもまったく正しいのです。

しかし、です。『君たちはどう生きるか』のこの章には、その反対の戦争を讃美する表現もまた、たしかにあるのです。

そして、そこに矛盾はありません。

なぜなら、おじさん（という作者の代弁者）が戦争讃美をするわけではないからです。

そうではなくて、反戦をはじめとするおじさんの思想を際立たせ、コペル君や読者たちの理解をより深めるための（難しくいうならば）対抗言説としての戦争讃美なのです。（卑俗にいうならば）嚙ませ犬としてですね。

識者たちはかつ子さんが敵キャラだとわからなかった

かつ子さんの発言は、（物語の構造からいうならば）ライバル・キャラ、（さらに誇張していえば）敵役、悪役キャラのものといってもよい。

要は、ヒーローの活躍を引き出すためには、悪役が暴虐の限りを尽くすシーンも必要だというあれです。

それが、かつ子さんによるナポレオン語りであるのはいうまでもありません。

ですから、そこに池上先生のように「反戦の真意」など読まず、戦争を讃美していると素直に読んで、「浮いている」と首を傾げたエリート高校生はまったく正しいのです。

ただし、彼らも、かつ子さんがライバル・キャラ、敵キャラであることには気づきませんでした。すなわち、彼女の発言が、おじさんのボケを際立たせるためのツッコミにすぎないのが読めなかった。そこに気づいたならば、決して「浮いている」のではなく、敵キャラ発言として物語全体のなかにしっかりはまっているのがわかったはずです。

そういえば、池上先生は、負けるとわかっていながら、最後まで戦い続けたナポレオンのエピソードで作者は、戦争へなだれこんでゆく時代にあって、「立ち止まって考え、流れに抗することも必要ではないかということを伝えたかったのだろう、と私は読みました」とおっしゃっています。

これは……無理がある。

はっきりいって、かなりのこじつけではないでしょうか。

なぜならこのエピソードも、「おじさんのノート」ではなく、かつ子さんの語りにあるからです。

＊村瀬学先生の『異論あり』も池上先生のこの解釈を「本当に無理矢理の裏読み」だと批判しています。しかし、村瀬先生もこれが悪役かつ子さんの発言だという対立図式には気づいていません。じつはかの丸山眞男も、『君たちはどう生きるか』をめぐる回想」で、「ブルジョワ令嬢の「かつ子さん」の言動は、著者がそれをどのように位置づけているのか、もう一つはっきりしない」、「多少の違和感を覚えさせた個所や人物」だったと正直に告白しています。はばかりながら丸山先生、ここは読者にあえて違和感を覚えさせるよう位置づけられた魅力的な敵キャラだと解すれば、すべてはっきりするんじゃないですか!? ふと考えたのですが、丸山先生は、ご覧になったという築地小劇場のお芝居「君たちはどう生きるか：コペル君とその仲間」の影響を無意識にひきずっていないだろうか。大木直太郎によるこの戯曲では、おじさんは基本的に登場せず、かつ子さんがナポレオンに託して語る「英雄的精神」が、スト

レートに以降の物語へつながってゆくのです。当然、思想的対立などはどこにも見出せません。

そして、かつ子さんの賛嘆に込められたのは、敗戦の惨憺すらドラマチックな悲劇として憧れてしまう戦争讃歌以外の何物でもありません。

ここはどう考えても、「勝算のない戦いに人々を巻き込み」、「指導者として失格」とか、「負けそうな局面でも命がけで国のために戦え、みたいな軍国主義的な内容だと感じた」という高校生たちの感想のほうが、正しい内容把握を踏まえた批判だと考えられます。

ここまで読みこんだとき、作者吉野源三郎が、ストーリーテラーとしてどれだけ巧みだったかを私たちはあらためて教えられるのです。

現在ならばラノベが書けた!? 吉野源三郎

世の中への知的関心に目覚めつつあるエリート少年コペル君。彼のメンターとして現れた、最高級の若き知識人であるおじさん。コペル君はもう、彼に完全に心服してしまうでしょう。

おじさんはすでに、メンターというより導者《グル》、東洋武術の師匠とか、「ロード・オブ・ザ・リング」のガンダルフ、「スター・ウォーズ」のヨーダみたいな存在となりかかっています。

そんなコペル君を、おじさんとは正反対の方向から、知的文化的に動揺させられるライバルが登場すれば、物語はおおいに盛り上がるに違いない。

でも、かのおじさん以上に魅力的な知的人格となると、なかなかキャラ設定がむずかしい。読書家の同級生とか文系クラブの先輩とかでは到底、足りません。

そこでかつ子さんなのです。

昭和十年代の東京で、最先端のモダン・ガール。高等女学校からいずれ女子大へ進み、ラ・マルセイエーズを原語で口ずさむハイカラ知性と、五輪をめざすアスリートの闊達さを併せ持つ年長の美少女。もうこれ以外ありえないのでしょう。

池上先生も、『特別授業』89〜90頁で、ここで「当時として、新しいタイプの女性」をあえて登場させ、「小説としての深みと、エンタテインメント性をもたせた」、「物語の展開として、これは読んでいて面白い」と、かつ子さんの登場を評価しています。

しかし、おじさんのライバルとしての登場であるという肝心のところが理解されていないため、ここで女の子を出すなんてサービスきいてるよねという程度の評価にしかなっていません。

作者吉野源三郎のストーリーテラーとしての腕はそんなものではないのです。

おじさんとはまた別の思想へ導かんとするメンター役を、美少女キャラにやらせたならば、二重の意味での「誘惑者」を物語に召喚できることまで、わかってらしたのですから（じつは「一、へんな経験」の章の「おじさんのノート」には、銀座で哲学的思索に耽るコペル君を「君の顔は、僕にはほんとうに美しく見えた」という一節があります。これはコペル君がかつ子さんを「美しいなあ」と思う描写と対応しているのかもしれません。ちなみにどちらも一九六二年のポプラ社版では削除されています）。

いやまったく吉野源三郎という人（当時、三十八歳）、すみにおけません。旧制高校二年の頃、恋愛と文学とに耽溺《たんでき》して中退まで考えた（ネット上の「吉野源三郎よむ年表」による）人だけのことはあります。

いま現役だったら、ラノベくらい書けたかもしれません。『水谷君の姉がこんなに歴女なわけがない』、とか。それとも『もしドラ』とか『ビリギャル』とかの方向で、ベストセラーが出せたかも。

こう考えるとやはり、かつ子さん登場の場面は、読みとばせない。

おじさんのライバル登場という物語の山場をよりインパクトあるものとする際、淡くかすかであれ恋物語の気配を仕込ませた手法も、決して枝葉の問題として片づけられません。なぜなら、おじさんのライバルかつ子さんの手強さが、単に年上の美少女であるというキャラクターの魅力にとどまらないからです。

かつ子さん陶酔――ワグラム会戦のナポレオン

じつは、かつ子さんの語るナポレオン讃歌の内容もまた、相当に斬新かつあなどりがたい背景をもつ「思想」なのです。

先に噛ませ犬などと評したのは、卑俗なだけではなく、過小評価だったかもしれません。ですからここであらためて、かつ子さんのナポレオン礼讃の内容を検討してみたい。『君たちはどう生きるか』の一節なのだから、真意は反戦だろうなどという池上先生のような予断をいれず、むしろ、おじさんのライバル、本全体からすれば敵役キャラかもしれないセレブ女子の発言としてです。

かつ子さんがまず語ったナポレオン譚は、あのワグラムの戦い、「千八百九年七月」のエピソードです。

敵軍の先鋒は、勇猛全欧に轟くコサック兵。彼らがナポレオン本営間近まで襲撃してくる。「何百人の騎兵がひとかたまりになって、まるで海嘯《つなみ》のように、フランス軍の前線を踏み破っちゃあ、押しよせて来るの。ナポレオンの親衛隊――近衛兵ね――、それが必死に戦って、やっとのことで撃退するんだけれど、撃退したかと思うと、またも、新手のコサック兵が、死物狂いの勢いで、味方の死屍《しかばね》を乗り越えて襲って来るの。天下無敵といわれた、ナポレオンの親衛隊も、何度、危なくなったか知れなかった」。

ここで一息ついて、少年たちを見渡し、それから語りを続けるかつ子さん。プレゼンのテクも相当なものですね。

そのときナポレオン本人は、コサック兵が襲撃目標としている小高い丘の上で、観戦して動かなかった。危険極まる最前線。

「だから、ナポレオンのそばにいた参謀たちは、気が気じゃあなかったのね。

「陛下、どうか一時ここをお立退き下さい。」

そういって、何度もナポレオンに頼んだんですって。でも、ナポレオンは、この危険な丘の上を去ろうとはしないの。いくら頼まれても、安全な場所に移ろうとはしないの。――あんたたち、なぜ、ナポレオンがここを去りたがらなかったか、それがわかる?」。

両手を腰に当てたポーズで少年たちに問うかつ子さん。圧倒されて何も答えられない少年四人。それを見て、おかっぱぱっつん(たぶん)の髪を頭を一振りしてはらりと払って、お話を再開。

「戦場の指揮をするだけなら、もっと安全な場所に移ったって出来たのよ。だから、軍隊を指揮するために、この丘から去れなかったわけじゃあないの。決して、そうじゃないの。ナポレオンは敵のコサックに、――敵のコサックに見とれちまったのよ。

「何という勇敢さだ! 何という勇敢さだ!」そういってナポレオンは、自分の本営真近まで繰返し繰返し攻めて来るコサックを、感歎して見ていたんですって。自分の身の危険なんか忘れちまって……。実際すばらしいじゃないの」。

もうかつ子さんは盛り上がりっぱなしです。眼はきらきら、頬が赤くなるほど上りつめています。

「本当に偉いと思うわ。――考えてごらんなさい、戦争よ。負けたら、命が危い場合よ。お互いに、相手を倒すか、自分が倒されるか、必死の場合よ。その中で、敵の戦いっぷりをほめるなんて、――敵の勇敢さに見とれるなんて、実際、立派だわ。実際、男らしいわ」。ロマンチックに遠くを眺める眼となるかつ子さん。コペル君が美しいなと萌えたのはこのときです。

ここまで話し終えたところで、ツッコミがはいります。かつ子さんの弟である水谷（速夫）君が、それでいったいナポレオンは勝ったのか？　と、ワグラムの戦いの勝敗を尋ねるのです。答えはもちろんナポレオンの勝利ですが、かつ子さんは、弟が肝心なところをわかっていないのにあきれます。

「だけど、勝ち負けなんか、問題じゃないのよ」と。

危険な思想家かつ子さん――勝敗を超越した英雄精神頌

彼女は、悲しげな顔をし、ポケットに手をいれ深刻そうな顔で沈黙するのです。水谷君は小声でコペル君に、姉さんのナポレオン気取りを揶揄《やゆ》します。

「無論、戦争する以上、誰だって負けたいと思う者はないわ。」

「それに、人間は誰だって命が惜しいわ。誰だって、怪我するのいやだわ。戦争ってもの、あたし、まだ見たことないけど、実際にそこに行ったら、ずいぶんこわいもんだろうと思うわ。誰だって、はじめての時は、きっとガタガタ震えるに違いないのよ。だけど――

だけど人間は、英雄的精神に燃えれば、そのこわさを忘れてしまえるんだわ。どんな苦しいことでも乗り越えてゆく勇気がわいて、惜しい命さえ惜しくなくなってしまうんだわ。あたし、それが第一すばらしいことだと思うの。人間が人間以上になることだもの――」。

しかし、それはただの乱暴な命しらずの向こう見ずではない。やけくそでも、狂気でもなく、命がいらないというところまで行ける。人間はある場合には、怖いことも、苦しいことも、勇敢に乗り越えてゆける。ということは、みずからすすんで苦しみや恐怖を求め、それを乗り越える歓喜を得ようともするだろう。そこでは死の恐怖も超えられる。それが英雄的精神……。

「あたし、つくづくそう思うの、――こういう精神に貫かれて死んでゆく方が、のらくらと生きているより、ずっと、ずっと立派なことだと。負けたって、こういう精神に貫かれていれば、負けじゃあないわ。勝ったって、この精神がなくなってれば、本当の勝とはいえないわ」。

これが、「だって、負けちまやあ、ダメじゃないか」と常識的につっこむ弟へのかつ子さんの反論です。

勝ち負けという常識を超え、死をも怖れぬ高みに達するほうを鑽仰《さんぎょう》する価値観がここで高らかに提示されます。

少年たちは、美しき誘惑者によって、常識を疑い、超えんとする哲学、思想の世界をいま初めてかいま見せられたのです。

「ああ、あたし、一生に一度でもいいわ、身を切られるような思いをして、この精神を味わって見たい！　どんなに、すばらしいでしょう。──ナポレオンは偉いのねえ。だって、一生この精神で貫かれていったんですもの。英雄的精神のかたまりみたいなもんだわ。」

ここで、かつ子さんは、あのワグラムの戦いでコサック兵の勇猛さに見とれたナポレオンの話題へ還ります。

「だから敵の勇ましい戦いっぷりにも感心して、それに見とれちまったりしたのよ。あたし、ほんとうに男らしいと思うわ」。

かつ子さんがワグラムの戦いのナポレオンのエピソードに憧れるのは、敵をも公平に評価するヒューマニズムなどではやはりなく、死の恐怖を超え、勝敗を超えてしまう英雄的精神の高みでは、敵も味方もなくなる例としてだとわかりますね。

こう結論した後、かつ子さんは、ロシア遠征敗退後、フランスへ侵攻してきた諸国軍を、ぼろぼろに疲れきったフランス軍を率いてそれでも最後の一戦で運を盛り返そうとするナポレオンの悲愴を語るのです。一八一四年のこの進軍を描いたメソニエの名画を示しつつ、かつ子さんはダメおしのごとく語ります。

「ナポレオンの行先には、どうしても勝てない不幸な運命が待ってるのに、ナポレオンは、やっぱり、そこへ向かって攻めかけてゆかずにいられなかったんだわ。敵に打ち倒されるまでも、敵に頭を下げて降参することが出来なかったんだわ。そう思ってこの絵を見ると、なんともいわれない気持ちがして来るわ」。

やはり勝ち負けは問題ではない。いかにドラマチックであるか。勝敗やら生死やらの世俗の価値観を超越して戦ったか。それが問題なのです。

苦戦と知りつつ出陣してゆく悲愴美。命も惜しくなくなる英雄的精神。これらを讃えるかつ子さんのナポレオン譚を、武蔵高校中学校の一生徒は、日本が戦争へ突入しつつあった時代らしい、負けそうでも命がけで戦えとする軍国教育ではないかと指摘しました。

しかし、よく検討してみると、この読み方はまだまだ不十分ではないでしょうか。

なぜなら、かつ子さんは、負けそうでも命がけで戦えと主張しているのではなく、命がけで戦う者には、勝ち敗けなどどうでもよくなるといいたいのですから。

戦争突入前後の日本で、鬼畜米英に勝つか負けるかは皇軍にとって問題ではないなどという耽美的な軍国教育など許されるわけがないでしょう。

皇軍は大日本帝国は、絶対に勝つ、負ける可能性などありえないし、負けるかもしれないなどと考える者は非国民だ。そう教えたはずです。関心がナポレオンの勝敗へまず向かい、「だって、負けちまやあ、ダメじゃないか」と姉さんへ訴えた水谷君のほうが、戦時国民としては当然、常識的でしょう。

かつ子さんのナポレオン讃歌は、当時の軍国主義教育の立場から考えても受け入れがたい、危険な香りが漂うのです。

しかし、そんなあぶない要素がよく考えてみるとあるとはいえ、武蔵高校中学校の一生徒の懸念も否定はできません。戦雲が濃くなってゆく当時、「負けそうな局面でも命がけで国のために戦え」という国民洗脳の追い風となりかねない主張であるのはたしかだからです。

それでは、かつ子さんのこうしたナポレオン礼讃、英雄的精神への陶酔に対して、コペル君の第一メンターであるおじさんは、どのような「思想」を提示してくるのでしょうか。

マルクス主義入門としてのおじさんのノート

「ナポレオンと四人の少年」は、『君たちはどう生きるか』の第五章にあたります。

一章から四章までの末尾には、すべて「おじさんのノート」が付されていますから、おじさんが、かつ子さんのナポレオン礼讃に反論する「ノート」は、五通めにあたります。では、一〜四では、おじさんは何を説いてきたのでしょうか。

「一、へんな経験」に付せられた一通めは、自分中心に世界を捉える天動説的視点から、主観を相対化して世界のなかに自分を位置づけられる客観的認識への転換が、コペル君の気づきに即して説かれます。

「二、勇ましき友」の二通めは、世間の常識や権威を盲信せず、自分が本当に感じたことや感動したこと、自分の体験からものを考えてゆく大切さが説かれます。

ここまでが、おじさんが教える、世の中を考えるにあたっての、視座のとり方と原点の定め方、すなわち方法論です。

「三、ニュートンの林檎と粉ミルク」の三通めになると、コペル君が考察した「人間分子の関係、網目の法則」をおじさんが引き取って、君が独力で考えついたその法則は、経済学や社会学では「生産関係」といわれているものだと、少年の眼を「社会科学」の方向へと大きく開かせるのです。

丸山眞男は、おじさんがコペル君の「人間分子の法則」を踏まえて、足りないところを補いながら、「生産関係」の説明にまでもってゆくところを読んで思わず唸ったといいます。

「これはまさしく「資本論入門」ではないか——」と（岩波文庫版『君たちはどう生きるか』

解説、「『君たちはどう生きるか』をめぐる回想」)。

『資本論』が、カール・マルクスとフリードリヒ・エンゲルスの主著で、マルクス経済学、マルクス主義のバイブルというべき大冊であるのはいうまでもありません。

そう考えると、次に来るのが「貧しき友」と題された四章であり、付せられた「おじさんのノート」四通めが、クラスメートの境遇を目の当たりにして貧富の格差に目を開かれたコペル君を、「階級」と「労働」という問題へ導こうとする内容であるのも、不思議ではないでしょう。

ふりかえれば、一章は、哲学や宗教が教える人間の価値観からではなく、経済法則という客観的なものから、人間や社会を捉え直そうとしたマルクスの方法、二章は、「好きな言葉は?」と娘たちに問われてマルクスが答えたという「すべては疑いうる」という思索の姿勢に、それぞれ対応しています。

おじさんが、主にマルクス主義の立場から見た世の中や人間の姿へ、そして「どう生きるか」へ、コペル君を導こうとしているのは間違いないでしょう。

こう考えてみた場合、次なる五章では、マルクス主義からはナポレオンとその事績がどう見えるのか、英雄が、歴史が、どう捉えられるのか、すなわち「唯物史観入門」が語られることになるはずです。

いったい、それはどういうものでしょうか。

おじさんはまず、伝記にしたがい、ナポレオンの生涯を時代の推移とともに辿ってみせます。

唯物史観——ナポレオンの生涯を俎上でさばける鑑定法

僻地コルシカ島の落ちぶれ貴族のせがれで、士官学校時代も青年将校時代も貧しく、金持ちの子弟に侮蔑され孤独だったナポレオン。フランス革命後の干渉戦争でツーロン港防衛というめざましい手柄を立てて注目され少将に抜擢。アルプス越えによるオーストリア軍との戦いに連戦勝利して、国民的英雄となったナポレオン。

革命政府の政治的混乱を収めるべく人民投票で選んだ新憲法下の執政官となり、さらには人民の圧倒的支持によってフランス皇帝となったナポレオン。

革命フランスを潰そうと同盟を結ぶ全ヨーロッパと戦い、ついにロシア以外すべてをその覇権の下に収めたナポレオン。王者のなかの王者。

そしてやってくる凋落《ちょうらく》。

イギリスに対抗する大陸封鎖に失敗し、イギリスと結ぶロシアへ大遠征を仕掛ける。しかしモスクワを占領しながらも、厳寒と飢えに苦しめられ、ナポレオン軍は撤退。六十万の大軍は、一万人しか生還できなかった。同時に、ナポレオン帝国に征服されたスペイン、プロイセンをはじめとする諸国が次々と反乱し、ナポレオンはエルバ島へ配流。乾坤一擲《けんこんいってき》の再起をはからんと賭けたウォータールーの戦いにも敗れ、ついに流刑地セントヘレナ島での孤独な死。十年で貧乏下士官から全欧州皇帝にまで昇りつめ、十年で孤独な囚人にまで転落するドラマチック極まる人生。

おじさんはその実行力、活動力、精力に自分も圧倒されながら、それでも、かつ子さんのような無条件の陶酔にはしっかりと釘をさそうとします。

すなわち、その並外れた稀代の活動力で、ナポレオンは何をしたのかを、我々はあえて問わねばならないのだと。

なぜか。おじさんはここで、第一のノート、第二のノートの復習をしてみせます。ナポレオンという主題をナポレオン個人中心、すなわち天動説的に考えるだけではなく、歴史全体、当時の社会全体から地動説的に彼の位置づけを探らなくてはならないこと。そして、「人間分子の法則、網目の法則」つまり、社会を構成するすべての人間は互いに協働し合う関係にあり、役立てあっている。ナポレオンのような秀でた存在ですらそんな協働関係の一分子には違いない。だから我々は、そんな「生産関係」を念頭において、ナポレオンの役割、仕事ぶりを問えるし、問われなくてはならないと。

こうしておじさんは、マルクス主義における歴史把握とそこから下される諸事件、諸人物

（ここではナポレオン）への裁定、すなわち「唯物史観」と呼ばれてきたものを、コペル君に披露するのです（おじさん＝吉野が参考としたネタ本はわかりませんが、カウツキーの『フランス革命時代における階級対立』あたりでしょうか。あるいは、主にエンゲルスがアメリカの百科事典の項目として著した「軍隊」「歩兵」などの軍事論文を読んでいたのかもしれません）。

進歩的ナポレオンの栄光――大革命の世界史的英雄

そんな唯物史観から捉えられたナポレオンは、一八世紀終わりに起こったフランス革命という世界史上の大事件と切っても切り離せなくなります。

旧弊たる封建制度のフランス王国を倒し、新しい共和国を樹立しようとしたフランス人民。それを潰そうと、同盟を結んでフランスへ攻めこんだヨーロッパの諸王家たち。

革命と自分たちが生まれ変わらせたフランス共和国を防衛しようと立ち上がった人民たち。急いで徴兵制度を布き、武装もとともわず訓練もゆきとどかないぼろぼろの速成軍隊で勝てるのか。

勝てたのです。なぜか。当時、ヨーロッパ諸王国の軍隊は、給金をもらって戦う傭兵隊が主流だった。彼らは、命あっての物種でどうしても給金以上には戦わない。

しかし、フランス共和国軍は違っていた。自分たちが起こした革命で生まれた新政府、自分たちが担う共和国のため、自由、平等、友愛を旗印に、「雇い兵なんかが夢にも知らない、勇気と精力とがあふれていた」、祖国に喜んで命をささげる国民軍だったのです。

そして——、

「この新しい軍隊を率い、新しい軍隊にふさわしい戦術を考え出し、ヨーロッパ諸国の旧式な軍隊を、片ッぱしからなぎ倒していったのが、ほかでもない、ナポレオンだったのだ」。

おじさんのレクチャーにちょっと補足をするならば、この「新しい戦術」の代表が、散兵戦術でしょう。傭兵は命が惜しいから、絶えず監視下におかないと本気で戦わない。だから密集させた戦法しかとれなかった。しかし、みずからの信念、フランス人としてフランスのため、自由、平等な人民として革命のため、戦ったフランスの国民革命軍は、監視が届かなくても、自分の胸中の声にしたがって奮戦したから、戦場で大きく広がって戦わせることも、少人数や個人をあらゆるところに潜ませて奇襲をかけることも柔軟自在にできた。

おじさんは、続けて、ナポレオンの内政民政面での偉業を語ります。

革命後の混乱につかれた人民が、秩序と平和を欲したとき、ナポレオンは執政官、皇帝の地位へ昇り、独裁的権力を握ってゆきました。しかし——、

「彼の力によって新しい世の中の秩序と落ち着きとが生まれて来た限り、この野心的な行動さえ世の中のために役立っていた」。

「封建制度を除いたあとの、新しい世の中の秩序がどういうものであるかということは、このお蔭ではっきりとわかったんだ」。

ようするに、革命が打倒した旧体制に代わる新しき秩序《ルール》を出せたわけです。その新ルールをまとめあげた大系が、ナポレオン法典。おじさんはこれを、ナポレオンの事業のうちで、最大のものといえるだろうと断定しています。

なぜならば、フランス革命後、百年以上のあいだに、フランスを追うように、近代自由民主制国家をそれぞれに建設していった諸国が皆、このナポレオン法典を模範として、法秩序を樹立していったからです。フランスのための事業であるのみならず、世界史的な偉業だったゆえんです。

明治維新後、四民平等となった新日本の民法をはじめとする新ルール、すなわち近代法体系も、ナポレオン法典を参考に整えられたとおじさんは話題を引き寄せます。

近代日本は、「この（新秩序の）レールの上をなめらかに進んでいって、とうとう日本はじまって以来の、目覚ましい商工業の発達をなしとげたんだ」と。

さて、次におじさんが語るのは、一転、ナポレオンがなぜ没落したかの分析です。

反動的ナポレオンの失墜——まるでトランプな大陸封鎖

おじさんは、莫大な犠牲を出したロシア遠征のみじめな敗北を語ります。空しく死んでいった兵士たちは、自分たちの革命的フランス共和国のため戦う国民兵ではなかった。各国から寄せ集められた傭兵同然の人々が、自分の祖国の名誉のためでも、信仰や主義のためでもなく、ただナポレオンの権勢にひきずられその野心の犠牲となって死んでいった。ナポレオンは彼らやその家族を苦しめる人間となってしまったと。

池上彰先生が例に挙げたのは、ここですね。ここだけですね。

しかしきわめて重要なのは、すなわち『君たちはどう生きるか』の著者吉野源三郎の分身たるおじさんは、この悲惨をもたらしたナポレオンの無謀な野心を、その没落の第一要因としてはいないところです。

ロシア遠征失敗より先に、おじさんが解説するのは、ナポレオンの大陸封鎖です（岩波文庫版190頁）。

敵対するイギリスを苦しめようとナポレオンは、彼の支配下にある全ヨーロッパに、イギリスとの通商を禁じたのです。これをおじさんは、「一番大きな失敗」だとします。

なぜでしょうか。

自由貿易が滞ってしまうからです。通商の自由が阻まれたがゆえに物資の流通も停まって、ヨーロッパの何千万人がほとんど輸入に依存していた砂糖に事欠くようになってしまった。

人々の必要を、欲望を充たす商品が流入しなくなる状況では、当然、密輸密貿易が蔓延します。ナポレオンは「厳重な罰を設けて取締ったけれど、どうしてもこの命令は実行されなかった」のでした。

ロシア遠征の直接的きっかけも、イギリスと結んでこの大陸封鎖から離脱したロシアを制裁しようと、決行されたものだったのです。

そしてその遠征も必然的にみじめな敗北に終わり、ナポレオンの没落は決定づけられるのでした。

コペル君とその級友四人が、かつ子さんのナポレオン物語を聴きながらもっとも関心を寄せたのは、その戦いにナポレオンが勝ったか負けたかでした。

語るかつ子さんは、そんな少年たちの幼稚さを笑い、勝ち負けや生死を超越できた英雄的精神が溢れているがゆえにナポレオンは偉大なのだと説きました。

ではおじさんの評価基準は何でしょうか。

おじさんの偉人評価基準——「人類の進歩」への貢献

おじさんは、かつ子さんのように英雄的精神があるからナポレオンの戦争を全面肯定するような考えには与《くみ》しません。

しかし、「多くの血を流して戦争をした」（池上先生の『特別授業』にある武蔵高校中学校生徒の発言より）からといって、それだけでナポレオンを否定する戦後的な考えにも立たないのです。

ナポレオン没落を語るおじさんのノートにある「次第に世の中の多くの人々にとってありがたくない人間になっていった」とか、「これほどまで多くの人々を苦しめる人間となってしまった」とかいう指摘からは、多数の人々の役に立っているか、多数に迷惑をかけているかが基準のように見えるかもしれません。あの「人間分子の法則、網目の法則」からも、そう考えられそうです。

だがはたしてそうでしょうか。

おじさんが肯定する昇り坂だった時代にも、ナポレオンは戦争で数多くの敵を殺したし、味方の兵隊の多くを死傷させているのです。ナポレオンのヨーロッパ制覇は、おじさんが封建制度とする旧体制下で、いちおう平穏に暮らしていた諸国の人々を苦しめなかったでしょうか。

おじさんの評価基準は、次の三行に明らかです。

「英雄とか偉人とかいわれている人々の中で、本当に尊敬が出来るのは、人類の進歩に役立った人だけだ。そして、彼らの非凡な事業のうち、真に値打のあるものは、ただこの流れに沿って行われた事業だけだ」（原文は太字で印刷されている）。

ここですね。

「人類の進歩」に沿った事業かどうか。ナポレオンが生涯になしたさまざまな事績のうち、人類の進歩に沿ったものは讃えられるべきであり、沿っていないものは否定しなければならない。

こう考えるのです。

しかし、「人類の進歩」とは何でしょうか。何をもって進歩しているとかいないとかを測り、決めるのでしょうか。

おじさんは、ナポレオンをフランス革命が生んだ英雄だと捉えています。自由、平等、友愛をはっきりと旗印に掲げた新しい共和国を、旧《ふる》い封建制度を守ろうとする反革命諸国の干渉から守り抜き、新体制のルールであるナポレオン法典を整えた。

これはフランス革命が、「人類の進歩」に沿った事業であるのを前提として、そのフランス革命に沿った限りで、ナポレオンは讃えられるべきだとしているわけです。

たとえそれがナポレオンがおのれの権勢を求めた「野心」を原動力とするものであっても、です。大事なのは結果なのです。

ここでさらにひとつ、疑問を呈してみましょう。

まず、なぜフランス革命は、「人類の進歩」に沿った事業といえるのでしょうか。

フランス革命はなぜ、「人類の進歩」だといえるのか？

次に、ナポレオンがイギリスとの通商を禁じた大陸封鎖。

おじさんは、これを否定します。すなわち自由貿易を擁護するわけですが、自由貿易はフランス革命の所産とはいえないでしょう。これはなぜ「人類の進歩」に沿っているのでしょうか。

マルクス主義の考え方によると、人類の歴史は、原始共産制、古代奴隷制、中世封建制、そして近代資本制へと、段階を踏まえて発展してきました。フランス革命は、中世封建制が革命によって打倒され、新たな資本制の時代を拓いた画期的な事件だったと捉えるわけです。

自由に金儲けをして蓄積した資本をまた次なる事業へ投資してさらに増やしてゆきたい商人階級、すなわちブルジョワジーたちの自由を制約し、勝手な課税や規制で締めつけていた身分制度や国王貴族の特権が、革命により撤廃されたわけですね。

自由と平等が宣言され、保障された。

その保障に基づいて、個人の財産処分や契約の自由を基本とした民法ルールが定まれば、資本制はその下でのびのびと発展してゆけます。

さまざまな分野への投資が活発となれば、土地も拓かれ、技術も開発されて、社会は豊かに発展してゆくはずです。

国際的には、自由貿易が原則となります。各国が固有の物産や得意な産業の生産物を輸出し、そして得た利潤で、足りない物資を輸入すれば、国際分業が成り立って、人類全体がより豊かに発展してゆけるでしょう。

ようするに、フランス革命も自由貿易も、資本制の時代を到来させたという意味で、「人類の進歩」を促すものだったのです。

ですから、フランス革命を防衛し以後のルールを定めたときのナポレオンは、人類の進歩に貢献した讃えられてよい偉人であり、大陸封鎖をして従わぬロシアを制裁しようとしたときのナポレオンは、人類の進歩を阻む悪しき人物でしかない。

これが、おじさんの歴史観なのです。

先に、おじさんはマルクス主義の立場から、コペル君へ世の中や人間の捉え方を考えさせようとしていると指摘しました。

ではなぜ、資本制の実現を「人類の進歩」だとして、ナポレオン評価の基準とするのだろうと疑問を抱く方もいるかもしれませんね。

マルクスは、資本制が生む貧富の差とか労働の搾取とかを批判して、社会主義や共産主義を唱えた人ではなかったかと。

たしかにそうなのです。

マルクス主義は、資本制の革命性をおおいに評価する

しかし、マルクス主義のおもしろさは、社会主義や共産主義を究極の理想とするといっても、いつの時代であれ、機会があれば革命を起こして社会主義や共産主義の世の中にしてしまうべきだとは決して、ならないところなのです。

人間の社会はその生産力の伸長に応じて、原始共産制、古代奴隷制、中世封建制と、段階を踏んでその「生産関係」のシステムを発展させてゆく。

そして、近代資本制という最終段階へ至ります。そこでは前述のように、個人の人権、自由、平等、生産技術の長足の進歩、交易の地球的拡大などが認められます。だから、人類の進歩のためには、資本制はぜひ実現すべきシステムなのです。

しかし、資本制の下での自由や平等は、形式的、法律的なものでしかありません。実質的には、資本を所有して人々を雇うブルジョワジーと所有する資産がないため雇われて働くしかないプロレタリアートという経済的な格差は歴然と残り、しかも拡大してゆく。

資本は、どこまでも膨張したいわけで、そのためなら雇う労働者をできるだけ安い賃金で長時間働かせたほうが得だからです。

飛躍的に発達した科学技術の成果や地球規模の交通網、通信網も、巨大資本に掌握されています。

これが究極まで至ったとき、ついに次なる革命が起こって、ブルジョワジーが倒され、資本は全労働者の共同所有となる。階級格差がなくなった社会主義、共産主義の幕開けです。

そうなれば、自由と平等の理想は、ここでようやく名実ともに実現します。人類は、資本制の下でめざましく発展した生産力や科学技術の成果、つまり豊かさや便利さを分け隔てなく全員で、享受できるはずです。

ということは、いまだ世の中が封建制の段階にある時代に、共産主義を理想とする者は、まず資本制の社会を樹立する革命を起こさなければならず、それがその段階における人類の正しい進歩なのです。

その段階で早すぎる共産主義を説いて運動しても、中世イギリスの農民一揆指導者ウィンスタンリーとか、フランス革命期のバブーフのように、たちまち捕まり処刑されてしまい、先駆者としての名のみ遺して終わります。

没落期のナポレオンのように、人類の進歩に逆行しようとした者も滅んでゆきますが、バブーフのように進歩を先取りしすぎても、やっぱり滅びる運命にある。なかなかむずかしいのです。

超人思想と功利主義と唯物史観——それぞれの戦争観

少し講釈が長くなりましたでしょうか。

ともあれ、以上のようなものが、ナポレオンの意義を人類史のなかでどう捉え直すべきかコペル君に語るとき、おじさんが背景とした「思想」、すなわちマルクス主義的な歴史観、人間観なのでした。

ここで私は、そんなおじさんの「思想」を、かつ子さんの「思想」と対峙させてみたくなります。

かつ子さんは、ナポレオンの英雄的精神を熱く説いて、少年たちへ、勝ち負けにこだわるレベルをはるかに超えた価値観があることを伝えようとしていました。

戦争するのだったら勝たなくては意味がない。戦争は、勝つためにする。勝って利益を得るためにするのだ。

少年たちは当然、こう考えたのでしょう。これは思想的にいえば、素朴な「功利主義」ですね。結果を出せたかどうかで、人間の行為を判断し、評価しようとする考え方です。

哲学上の功利主義は、一九世紀においては資本制の最先進国だったイギリスで生まれた思想です。

結果を出さなくてはだめというのは、利益が上がらなくてはだめだという商売の鉄則、損得勘定とつながっています。

地に足がついた堅実な考え方ともいえましょうし、夢も理想も排した身もふたもないものの見方だともいえるでしょう。

おじさんの考え方は、こうした功利主義と、じつはけっこうつながっています。

世の中儲かってなんぼやという功利主義は、雇われて働くしかない労働者の側からすれば、こんな安賃金じゃ食っていけねえよ、いつまでもこんなブラック企業にこき使われててたまるか、いまに見てろよとなるからです。

実際、マルクスやその相棒エンゲルスは、功利主義など当時のイギリスの哲学や経済学を研究しつくし、自分たちの理論に生かしたのでした。

どれだけ物を生産するか。それをどう売ってどれだけ儲けるか。日々食べてゆくために、どれだけ働いてどれだけの給金を受け取るか……。

そこでの考察は、どこまでもこうした経済の問題が中心です。

人間とその社会の物質的な側面といってもよい。

そうしたマルクス主義的な歴史の見方を、唯物史観と呼ぶのもなるほどもっともです。

これに対して、あのかつ子さんの思想はどうでしょうか。

恐怖をも苦痛をも超越し、勝敗も生死も、いわんや功利的な損得勘定も忘れて突きすすむ英雄的精神。

これが、かつ子さんが憧れ、一生に一度でもいいから身を切られるような思いをして味わってみたいと希求するものです。

彼女はなぜ、「それが第一すばらしいことだと思うの」でしょうか。けだし、「人間が人間以上になることだ」からなのです。

おじさんの唯物史観が、人間をその底の底、誰でもおまんま食わなければ生きてゆけないという生物学的な土台から人間を捉えていたのに対して、かつ子さんの英雄的精神論は、人間が人間を超え出る稀有な高みにおいて、捉えようとしている。

まるで真逆ですよね。

おじさんが着目を促す経済的側面には、人間誰もが免れないゆえの一般性があります。民主的といってもよい。

しかし、かつ子さんのいう英雄的精神は、文字通り英雄とか偉人とか天才とかいわれるほんのわずかの人間にしか宿らないでしょう。だからこそ憧れられる特殊例だというべきであるし、貴族主義的・エリート主義的な考え方でしょう。

「人間が人間以上になる」というフレーズから、ニーチェの超人思想を連想した人もあるかもしれません。

そうです。かつ子さんが陶酔する英雄ナポレオンのイメージは、ニーチェが超人とか高人とか名づけた稀なる人間像に近い。

ここでニーチェの名前が出たついでに、一九世紀ヨーロッパの思想史をおおざっぱに復習してみましょうか。

おじさんのノートに出てきたフランス革命の「自由、平等、友愛」のスローガンや、イギリス経済学と縁が深い功利主義、これら理性の思想を学び、ドイツのヘーゲル哲学によってまとめあげたマルクス主義……。

これらが、先のおじさんのナポレオン分析の背景にあるとした思想の系譜でした。

しかし、これとはまた別の思想潮流が当時のヨーロッパにはあって、そちらはそちらで根強い人気を集めてきたのを見逃すべきではありません。

かつ子さんの思想——ロマン主義、英雄讃仰、ニーチェ

遠くは、ドイツ・ロマン主義、フィヒテやシェリングの哲学。キルケゴールやショーペンハウエルやドストエフスキー。そしてニーチェ。二〇世紀にはいると、ジンメル、ベルグソンなどの生の哲学、現象学などを経て、ハイデガー、ヤスパースなどの実存哲学、戦後の実存主義へつながってゆく流れですね。

こうした哲学、思想は、我々の意識や無意識のさらに深い奥底を流れる非合理的で神秘的な

情念のごときものから、人間を世界を捉えようとします。

それは「ただ生きようとする盲目の意志」（ショーペンハウエル）や「より大きな力をめざす意志」（ニーチェ）などと表現され、あらゆる現実的な損得や利害や善悪は、そうした生の奔流のまえにはひからびた表面的な価値観にすぎないとされるのです。

「より大きな力をめざす意志」、生の流れがおおいにほとばしり跳躍するとき（ベルグソンのいうエラン・ヴィタール）、英雄が出現したり人が超人となったりします。

彼らは道徳や勝敗をはじめとするあらゆる外からの評価を超えて輝く、ただそれだけで至上至尊の存在となるのです。

きわめておおざっぱですが、こうまとめてみますと、かつ子さんがナポレオンに託して説いた英雄的精神とこの思潮に連なる哲学が讃える生の昂揚とが重なってくるでしょう。

一九世紀ヨーロッパ文学を見ると、スタンダール『赤と黒』の主人公である青年野心家ジュリアン・ソレルはナポレオンの伝記をバイブルとし、トルストイは『戦争と平和』の若き貴族ピエールをナポレオン崇拝者として描きました。ドストエフスキー『罪と罰』の主人公ラスコーリニコフは、ナポレオンと自分を重ね合わせて、自分はナポレオンなみの英雄なのだから、悪徳金貸しの老婆を殺して金を奪っても罪ではないと思い詰めます。

＊『ナポレオン――最後の専制君主、最初の近代政治家』（岩波新書）の著者杉本淑彦京大教授による

と、ナポレオンの秘書ブーリエンヌの回想を訳した『奈翁実伝』が吉野源三郎のネタ元らしいです（Web「B面の岩波新書」のインタビューより。ただしこの著には、あのワグラムの戦いの記述はありません）。訳者の栗原古城（元吉）という人は、メーテルリンク（『青い鳥』や『ペレアスとメリザンド』で知られるが、C・G・ユングやR・ワトソンを思わせる神秘主義系著作も多い）の『死後は如何』とか『万有の神秘』とか、ラスキン（美術批評や社会主義で知られるが、霊界との通信を試みるなど心霊主義的傾向があった）の『胡麻と百合』とかヘッケル『宇宙の謎』とかを訳した翻訳家で、幸田露伴の日記によれば新宗教の御筆先を信じていた時期もあったらしい。版元の玄黄社は、ショーペンハウエルやエマーソン（宇宙霊との一体化を理想とした哲学者でナポレオン崇拝者だった）、オリヴァー・ロッジ（死後の霊魂実在などを科学的に証明しようとした物理学者）など、生の哲学や神秘主義系の諸文献を続々翻訳刊行していた出版社です。

先ほど私は、こうした考え方を、人間をその英雄的な高みにおいて捉える思想だと見て人間を誰もが食べてゆかねば生きられない経済的土台から考えるおじさんの思想と対峙させてみました。

それだけでなく、かつ子さんの思想と、おじさんの思想とは、さまざまな点で、見事なまでに対照的なのです。

熱いかつ子さんとクールなおじさん——情念vs理性

たとえば、かつ子さん流の思想は、その根拠を、情念とか意志とか生とか精神とか、人間の内奥、内側へ求めます。

対するにおじさんの思想は、経済法則とか人類の進歩とか歴史の発展とか、人間の外部、外側へ求めるのです。

かつ子さんは主観的、おじさんは客観的です。

かつ子さんは動機を重視します。結果は問わない。おじさんが重視するのは結果です。動機はどうあれです。

かつ子さんは非合理的で実存的、神秘的、おじさんは合理的で科学的だともいえるでしょう。

かつ子さんは、情熱とか勇気とか悲壮とかが大好きです。感情をたっぷり盛って歴史を語ります。対するにおじさんはいつでも知的、理性的で決して崩れない。クールなのです。

『君たちはどう生きるか』の五章は、まずかつ子さんにあてられたコペル君が、にわかナポレオン崇拝者となり、次にマルクス主義者のおじさんが唯物史観をていねいに説いて、そんな彼をクールダウンさせるという構成になっています。

おじさんが、マルクス主義に立っているのは、時代を考えれば不思議はありません。

二〇世紀前半において、マルクス主義はもっとも有力でほとんどの誠意あるインテリを捕らえた思想だったのですから。

世界を覆ってゆく資本制。そこで広がる階級格差。金儲けのためなら国家権力をそそのかして植民地獲得へ暴走させ、悲惨きわまる第一次世界大戦まで勃発させた巨大独占資本。そしてその果てにロシアでついに現実のものとなった社会主義革命。

時代はマルクスの予言通りに進んでいるように見えたのです。

しかし当時、かつ子さんの「英雄的精神」崇拝に顕れた、もうひとつの思想潮流だって、マルクス主義に決して負けない影響力を持っていた。かつ子さん本人に劣らぬ、思想的魅力を湛えていました。

円本の思想全集などで、西洋の哲学や思想の名著がようやく翻訳で読めるようになった昭和初期、ショーペンハウエルやニーチェやジンメルやベルグソンは、最先端の現代思想として流行していたのです。

こうした思想家、殊にニーチェやベルグソン、あるいは先に名を出したハイデガーあたりは、戦後から現在に至っても、インテリ青年の人気を集め、哲学や思想、文学の分野で誰も無視できない知の巨人であり続けています。

では、こうした生の哲学や実存主義系が充たしてくれる（マルクス主義にはない）魅力とは何でしょうか。

生の哲学、実存の思想の魅力――内なる実感への共振

マルクスの思想は、誰もが食べてゆかねばならないし、そのためには働かなくてはならないというきわめて身近なところから説き起こされていますが、そこから先は、相当に難しい高度な理論ばかりです。

資本制の仕組み、階級格差が生まれるメカニズム、封建制から資本制へ、さらには社会主義革命へと展開してゆく歴史の必然などはすべて、本を読んだり講義を聴いたりして、社会や歴史について得た知識の数々を組み合わせながら、頭を駆使して理解し納得してゆくしかない、ようするに理屈なのです。

それは私たちが内側から実感できるといったものではありません。まあ、資本による搾取くらいまでは、まだ実感できるかもしれませんが、ブルジョワ令嬢のかつ子さんや父が銀行重役だったコペル君にはそれすら頭で学んだ知識でしょう。

ナポレオンの事業のどれが人類の進歩に貢献した善きもので、どれが進歩を阻害した悪しきものかなども、ずっと後の時代の我々だからこそ、そんな上から目線で分析ができ判定もしてしまえるわけです。

しかし、ナポレオンであれ矮小《わいしょう》な私たちであれ、人類の進歩をつねに頭において、そこから

自らの行動を選択したりはまずしないでしょう。

「おじさんのノート」でも、「自分では個人的な望みを遂げようと努力しながら、知らず識らずのうちに、この進歩のために役立った」人もいるとしています。

いまを生きている当人は、ただただ無我夢中で、日々働き、さまざまな人生の選択に悩んだり、出世をめざしてがむしゃらな努力をしたり、権力を争ったり地位にしがみついたり、一国を動かしたり、戦争をしたり、ままならぬ運命に絶望したりしているばかりではないか。

生の哲学や実存の思想は、そんな私たちが日常的に抱いている具体的な意識に語りかけてきます。

かつ子さんが語ったナポレオンが抱いていた英雄的精神とか、人間が人間を超える力への意志とか、生命の跳躍とかがもたらすという、生死も勝敗も損得もどうでもよくなる充実した瞬間は、そうした具体的な意識のひとつとして実感できるのです。

誰もがいくらかは覚えがあるだろう、頭ではなく内奥から湧き上がるような精神の昂揚、気持ちの昂ぶりという具体的な意識の延長線上で。

当時最高に知的でおしゃれな女学生であり、五輪をめざすアスリートでもあるかつ子さんは、めぐまれた青春のなかでたびたび、そうした昂揚を実感してきたかもしれませんね。

そして、そんな昂揚のなかの昂揚を味わえる死のほうが、のらくらとした凡庸な生よりもずっと素晴らしいとする思想に魅せられ共振したのでしょう。

このように、かつてたしかに生きていた人物の意識、情感と共振するところから、歴史への関心を深めてゆくと、マルクス主義の唯物史観がいう人類の進歩への貢献いかんなど二の次三の次とならざるをえません。歴史のなかで勝者となったか否かも、重要ではなくなります。

ですから、かつ子さんのナポレオン萌えは、勝利したとはいえ苦戦だったワグラムの戦いや、敗北必至とわかりながら出陣してゆく最後のフランス防衛戦でこそ盛り上がり昂ぶるのです。フランス革命のために戦ったツーロンの戦いとかアルプス越えでは必ずしもない。ましてやナポレオン法典制定では決してありません。
＊歴史へのこうしたロマンティックな共感は、世の歴史好きの多くが抱く関心と重なります。歴史ファンは、唯物史観からも進歩に貢献したと評されるだろう織田信長や坂本龍馬も好きですが、同じくらい、進歩の足をひっぱった英雄たち、たとえば滅びていった平家のあわれや、あだ花となった新撰組隊士の懸命な生きざまをも愛しているでしょう。
二〇一八年の大河ドラマ「西郷どん」の主人公西郷隆盛には、明治以来ファンが絶えません。しかし彼らは、マルクス主義者もおおいに評価する討幕軍司令官としての革命的西郷、廃藩置県を断行して近代中央集権国家を樹立した進歩的な西郷が好きなのでしょうか。違いますね。むしろ、歴史に逆行する士族反乱の首領として、西南戦争の暴挙にあえて出て、激戦のすえ悲劇的最期を遂げた西郷さんに泣き

たいのです。

唯物史観から日本史を読み解く書を幾つも著した寺尾五郎というマルクス主義者は、驕った清盛ファッショだと平家を断罪し、新撰組を凶悪な幕末暴力団にすぎないと切り捨てています。

やはり唯物史観の歴史学者井上清の『明治維新』は、「維新変革の名実ともに最高の指導者であった英雄」が、「変革期の歴史の歩みの速さに、ほんの一歩おくれはじめたばかりに」、鹿児島県民を「他地方よりもひどい農奴的状態にしばりつけた」、「反革命の最後の最大の首領となり」、「武力で反抗して自滅するにいた」ったと、西郷隆盛を総括しています。ちょっとおじさんのナポレオン評と似ていますね。

しかし、このような評価が、たとえ進歩への貢献という見地からは正しいのだとしても、敗者への思いいれのやまぬ歴史ファンがいなくなることはないでしょう。

ロマン主義、生の哲学から、ファシズムへ

さて、かつ子さんに顕れた生の哲学や実存の思想が、二〇世紀前半、マルクス主義に決して負けない大きな知の潮流だったと、先に述べました。

それだけではありません。おじさんのマルクス主義が、ただの知的流行にとどまらず、大国ソヴィエト連邦と世界中の共産主義運動という現実的な政治勢力となっていたように、かつ子さんを熱狂させたような思想的影響から生まれたというべき政治運動もまた、当時の国際情勢

を揺るがす大きな勢力となっていました。

ファシズムの運動がそれです。

実存の哲学者ハイデガーが、ナチズムを熱狂的に支持していたのはよく知られています。それもどうやら、保身やきまぐれではなく、彼のニヒリズムの哲学の必然だったらしい。

ニーチェもナチズムに利用されていますね。

フランスではベルグソンの生の哲学が、政治思想へ影響を及ぼしていました。ジョルジュ・ソレルという思想家は、労働者が大規模なストライキに打ってでる革命を、「生の跳躍」として理論づけています。マルクスの影響も受けた社会主義者だったソレルの『暴力論』は、イタリアのファシスト党指導者、ムッソリーニやナチスの法学者カール・シュミットへ大きな影響を与えたことで知られています。

ソレル自身、フランスのナチスというべきアクション・フランセーズ、喩えるならば日本会議と在特会を併せてずっと強大にしたような右翼団体を支持していました。

やはりこの系譜に位置づけられるエルンスト・ユンガーのごとく、戦争を、人間の生がもっとも昂揚し、人間が人間を超える聖なる時空だと賛美する思想家も、ドイツに現れています。

ちなみに、吉野源三郎は、大正時代、ユンガーの『鋼鉄の嵐』を原書で読んでいました（『同時代のこと』岩波新書）。おそらく日本でもっとも早いユンガーの読者でしょう。

ファシズムの思想で普通に知られているのは、まずナショナリズム、民族主義でしょう。次いで、反ユダヤ主義などレイシズムも重要です。しかし、これらは大衆の熱狂や差別意識と結びついて大きな力となりましたが、知識人にはちょっと単純で物足りなかった。彼ら難しい話が好きな連中をファシズムへ勧誘したのが、こうした生の哲学や実存の思想だったのです。「意志」とか「決断」なんていうキーワードも知的流行となりました。

あの武蔵高校中学校の生徒が指摘した危険は正しいのです。戦争そのものを讃美し、民族至上主義や軍国主義を後押しする思想が、たしかにかつ子さんが説くナポレオン崇拝の延長上に生まれていたのでした。

カール・クラウスという二〇世紀初めからナチス台頭期までのオーストリアで活躍した諷刺文学者がいます。彼が、第一次大戦中の世相を壮大な戯曲に構成し、戦争の愚かさを訴えた『人類最期の日々』に、アリス・シャレクという実在の女性ジャーナリストが登場します。

この人は、従軍記者として最前線をルポ、戦意昂揚の記事を書きまくります。彼女は、兵隊たちの奮戦を見て、都会にはない「単純素朴な男性の生命が躍動している」と感激し、祖国愛や敵国憎悪、スポーツ、冒険、そして「力の陶酔」、あっさりした「単純明快な男性の死」に満ちた戦場という情熱のドラマの虜となります。これこそが「解放されたる人間性」にほかならない。そんな戦争が永遠に続いたら、なんと素晴らしいだろう！ と。

むろん、戦い死傷して苦しむ兵士たちにしてみれば迷惑きわまる話です。クラウスの諷刺はそこを突いています。

アリスの戦争讃美の理論は、まさしくニーチェや生の哲学のレトリックを応用したものですね。かつ子さんのあの「英雄的精神」讃美もこれと同類だといってよいでしょう。

『君たちはどう生きるか』の翌年、日本でも、吉屋信子や林芙美子ら女性作家が、陸軍によるペン部隊の従軍作家として、武漢戦線へ赴き、戦意鼓舞の文章を残すのでした。

英雄たちの二〇世紀――激動する一九三〇年代

池上彰先生の『特別授業』にはまた、「この本が書かれた時代には、ナポレオンを英雄視したり、ナポレオンの時代に憧れたりするような風潮があったのではないか」という武蔵高校中学校生徒の感想が拾われています。

鋭いですね。

ナポレオン自体は、幕末明治以来、日本人にもっとも知られたヨーロッパ偉人でしたが（前述の『奈翁実伝』は大正九年刊）、『君たちはどう生きるか』の六年まえ、たいへん読みやすくゴシップ豊富でエンタメ性にも満ちた『ナポレオン』という伝記が出ています。著者は、政治家でもあった鶴見祐輔。戦後活躍する思想家鶴見俊輔のお父さんです。鶴見祐輔は、『君たちはどう生きるか』の十年まえ、『英雄待望論』を刊行し五十万部を売ったベストセラー作家でした。『ナポレオン』に続いて、『バイロン』、『ディズレーリ』と「英雄天才史伝」シリーズを続刊、また『ビスマーク』、『プルターク英雄伝』を『君たちはどう生きるか』の前々年、翻訳して話題を呼んでいます。

『君たちはどう生きるか』の作者がこれらを意識していた可能性は高いですね。

英雄というテーマが関心を集める時代だったのでしょう。

当時、世界的不況から回復しようとあがく国際情勢は、各国の確保勢力圏をめぐって戦争の不安のなかにありました。

すなわち強力なリーダーが待望される時代だったといえます。

実際、おじさんが説くマルクス主義には、ソヴィエト連邦のスターリンという絶対的指導者が君臨していました。

政敵をすべて粛清したり、経済政策の失敗で千万人単位の犠牲者を出していた彼の暗い内幕は、まだ一部しか伝わっていませんでした。

戦後は悪の権化でしかなくなったヒトラーもムッソリーニも、当時はまだ、新しい時代の指導者として世界中で注目され期待されていました。

こちらもユダヤ人虐殺のごとき暗部は、まだよく知られていなかったのです。

ふたりを総統、首領と仰ぐ枢軸国ドイツ、イタリアは、一方で世界を植民地として支配し収奪してきた英米仏という資本制勝ち組諸国へ挑戦し、他方で、ソヴィエト連邦とも対峙して頑張るエースでした。

彼らと対抗する英米にもチャーチル、ルーズベルトという存在感ある個性的な指導者が立っていた時代です。

世界を挟撃する二大勢力がコペル君を奪い合う代理戦争！

かつ子さんが少年たちに提示した「英雄」というテーマは、遠い過去への歴女さんの憧れに見えて、じつはなまなましい国際時事問題だったのかもしれません。

作者吉野源三郎も「当時、少年少女の読みものでも、ムッソリーニやヒットラーが英雄として賛美され」ていたと、『君たちはどう生きるか』一九六七年版のあとがき「作品について」で回顧しています。

本当ならば吉野は、ここでヒトラーやムッソリーニ、スターリンについて論じたかったのかもしれない。しかしさすがにそれは許されなかった。「三、ニュートンの林檎と粉ミルク」の章の「ノート」で、資本論とか共産主義とか階級とかの用語を一切使わずにマルクス主義の基本を伝えたのと同様、ここでもナポレオンという無難な過去の英雄に託して、唯物史観からの英雄論を展開するしかなかった。そう考えられそうです。

このように背景を追ってみると、『君たちはどう生きるか』の「五、ナポレオンと四人の少年」が、なんともスリリングな世界的左思想対決のドラマとして浮かびあがってこないでしょうか。

偉大な同志スターリン率いる労働者の祖国と信じられたソヴィエト連邦や諸国の共産党を指導する司令部コミンテルンなど世界の共産主義勢力を背景として、十五歳のコペル君に、「社会科学的認識」、「生産関係」、「労働」と「階級」、ようするにマルクスの思想を、順序だてて注入しつつあった潜伏アクティビストたるおじさんのまえに、とうとうもっとも手強いライバルが姿を現したのですから。

ヒトラー、ムッソリーニが率いる日の出の勢いの枢軸国を背景として、「超人」、「生の跳躍」、「ニヒリズム」などといった魅惑的な知とつながる「英雄的精神」を讃える思想が、おじさんを遮り、コペル君を誘惑しようとしている。

しかも、シックで快活で博識でスポーツ万能な超セレブお嬢という最強のハニー・トラップを召喚して……です。

おじさんは、「英雄的精神」をマルクス主義に繰りこもうとした

それでは、そんな一九三七年ならではの思想的挑戦に対して、おじさんはどう受けて立ったでしょうか。

かつ子さんが煽る、ファシズムへつながりかねない危険な火をいかにして鎮め、コペル君を己の陣営へ奪回しようと図ったでしょうか。

まず興味深いのは、かつ子さんがナポレオンを通して語る「英雄的精神」を、おじさんは決して、正面から批判攻撃してはいないところです。

かつ子さんに感化されてナポレオン崇拝に染まったコペル君を、おじさんが難じたり叱ったりすることもまったくありません。

むしろコペル君がナポレオンを通じて偉人と歴史へ強く惹かれたのを、マルクス主義の唯物史観へ入門させる好機到来と喜んだらしい。

こうして、すでに紹介した、唯物史観からのナポレオン評価が語られてゆきます。

人類の進歩の見地から、フランス革命の防衛者、革命後の資本制秩序の樹立者、ナポレオン。否定されるべき、大陸封鎖やロシア遠征の暴挙に出たナポレオン……。

それらを語り終えたあとで、おじさんはあらためて、コペル君にナポレオン個人への注目を促します。

そして、「彼の奮闘的な生涯、彼の勇気、彼の決断力、それから、あの鋼鉄のような意志の強さ！」、「どんな困難な立場に立っても微塵も弱音を吐かず、どんな苦しい運命に出会っても挫けなかった、その毅然たる精神」を、深く深く学ばねばならないと強く強く訴えるのです。

おや、これはかつ子さんが憧れたあの英雄的精神とほとんど変わらないではないですか。

そして、おじさんは、ナポレオンについてのあるエピソードを語ります。

再起を賭けたウォータールーの戦いに敗れ、囚われの捕虜として、イギリスの港へ運ばれたナポレオン。桟橋へは稀代の敵将ナポレオンを一目見ようとイギリス人たちがつめかけます。ついにある日、ずっと船室にこもっていたナポレオンが、珍しくも甲板上へ姿を現しました。その姿を認めるや、それまでざわついていた群衆はシーンと静まり返ってしまった。そして数万のイギリス人の誰がいいだすともなく、一斉に帽子をとって、囚われの英雄へ敬意を示したというのです。

ナポレオンがみじめな捕虜となっても微塵も失っていなかった王者の誇り、運命をすべてひき受けて立つ男らしさ、その気魄《きはく》が、長く敵だったイギリス人たちをも圧倒したのです。

おじさんが章の最後に語るこのエピソードは、かつ子さんが最初に語ったワグラムの戦いのエピソードと対応しています。

どちらも、敵の姿に魅了されるエピソードなのは同じです。しかし、ワグラムのエピソードでは敵のコサック兵の戦いぶりに見とれてしまうナポレオンの英雄ぶりを、かつ子さんが讃えます。こちらではイギリス人たちがナポレオンに魅せられるのです。かつ子さんは、ナポレオンの主観へ感情移入して語っていますが、おじさんは客観的にナポレオンがどう見られたかを語ります。ふたりはここでも好対照を見せるのです。

あの池上彰先生は、このエピソードをこう解しています。

「敵国人であったとしても、よいところはよいと認め、尊敬の念をもって接する必要があることを伝えるために盛り込んだのだろう、と私は思います。当時の日本軍は、捕虜を虐待したりして、敵の兵隊を敬うことがなかった。そういう姿勢を暗に批判していたのです」と。

はたして、そうですかね。

日本にだって、軍歌「抜刀隊」、「討匪行《とうひこう》」とかに見られるように、勇敢な敵兵を敬う姿勢がなかったわけではありません。

そもそもナポレオンは、日本軍が各地で虐殺したといわれる無辜《むこ》の捕虜とは意味が違うでしょう。捕虜とはいっても、イギリスに幾度も苦渋の敗戦を味わわせ、名将ネルソンをトラファルガーで亡きものとした憎むべき稀代の敵将なのですから。

それなのに脱帽の礼をとったイギリス人を吉野源三郎は讃えたのではありません。イギリス人さえ脱帽せずにはいられなかったナポレオンのカリスマ性をやはり讃えたかったのでしょう。

「この人を見よ」と。

歴史の必然と情熱の役割――マルクス主義の急所に挑む

まあ、それはよろしい。

重要なのは、おじさんが、こういうかたちで、いったんはコペル君から遠ざけたかに見えたかつ子さん的な英雄史観とでもいうべきナポレオン観を、おじさんの唯物史観の方へあらためて奪い返そうとしているところです。

なぜ重要かというと、まずひとつには、客観的な人類の進歩を考えるマルクス主義の唯物史観のまえには、人間個人を、その主体的意志をどう捉えるかという難問が、横たわっているからです。

もうひとつは、池上彰先生にも武蔵高校中学校の生徒さんたちにも意外かもしれませんが、マルクス主義に立つおじさんは、必ずしも、戦争絶対反対ではないことがここに明らかだからです。

以下、この二点を説明してみましょう。

では第一の「主体性」の問題とは何でしょうか。

おじさんのナポレオン観を辿ったところで説明したように、マルクス主義では、原始共産制、中世封建制から近代資本制へ、さらには、社会主義、共産主義へと、人類の社会は必然的に発展してゆくと考えられています。

必然的にそうなるならば誰も何もしないで自然にお任せでいいじゃないかとなりそうですが、そうもいかないから難しくなってきます。社会は人間が集まって出来ているわけですから、それが変化したり発展したりするとしたら、そのなかの具体的な人間たちが主体的に変化や発展を担うほかないのです。

『君たちはどう生きるか』の冒頭、「一、へんな経験」でおじさんは、人間社会を個人という分子の集まりだと考えたコペル君をほめながら、もちろん、「人間はいろいろな物質の分子とはわけのちがうものなんだ」と留保をつけました。おじさんは、「七、石段の思い出」のノート末尾で、この「人間分子」の運動が、ほかの物質の分子の運動と異なるところとして、「自分で自分を決定する力をもっている」、だから誤りも犯すし、誤りから立ち直ることも出来ると、どう「わけのちがう」ものかを説明しています。

だから、歴史の必然といっても、人間の意志を無視するわけにはゆかないのです。

それは、社会を変革しなくてはと気づき目覚めた多数の人たちが、みずから決定して、一斉にデモや暴動やストライキに立ち上がったり、社会主義や共産主義を唱える政党への投票で政権交代を実現させたりするかたちをとるかもしれません。

しかしいつも、それだけで済むとは限らないでしょう。

革命家とかアクティビストとかいわれる人たちが、変革を世に訴え、人々をまとめて率いてゆく必要もほとんどの場合あるでしょう。

そうです。フランス革命においてナポレオンが果たした役割を担う英雄が、いつの時代の変革においてもやはり必要となるのです。

マルクスが大きな影響を受けた哲学者ヘーゲルは、社会主義者ではありませんが、人類の進歩を信じ、フランス革命を肯定していました。彼は、ドイツへ進軍してきたナポレオンを見たことがあり、(歴史を発展させる)「世界精神」が一個人のすがたへ凝固していま馬に乗っているると大感激しています。

マルクスの後輩、レーニンの先輩にあたるロシアのマルクス主義者プレハーノフは、『歴史における個人の役割』を著してこの問題と格闘しました。

皇帝の名がふさわしい超独裁者ナポレオンほどではなくとも、それなりの英雄的精神を抱いた政治家や官僚や知識人、軍人でなくして、社会主義革命のリーダーはつとまらないでしょう。

いや、労働者とか農民とか人民大衆がみずから立ち上がったとしても、彼らもまた、暴動や革命戦争において、また逮捕や拷問や処刑において、損得や生死を考えないで邁進できる英雄的精神をひとりひとりが抱く必要があるでしょう。

すなわち皆が、人間以上に高まった精神に貫かれて死んでゆける英雄とならなくてはならないのです。

ナポレオンを語るとき、おじさんが念頭においていたのは、レーニン、スターリンらロシア革命の指導者でしょうか。戦後の著作だったら、ガンジーとか毛沢東とかチェ・ゲバラとかも挙がったと思われます。吉野源三郎は、『人類の進歩につくした人』というリンカーンの伝記を『君たちはどう生きるか』同様、日本少国民文庫から刊行しています。

G・ソレルに倣って？——木下半治は二塁、吉野は遊撃

これまで、かつ子さんはおじさんの最大の思想的ライバルであり、それぞれの思想がさまざまな点で対照的でした。

しかし、以上のように、おじさんもかつ子さん好みの「英雄的精神」をすべて否定することはできなかったのです。

つまり、二人の思想はまったく相いれないわけではない。かぶるところがあるのです。

思想史的にも、かつ子さんの思想の背後に流れる生の哲学や実存の思想は、前記のごとく、ファシズムへ顕著な影響を及ぼしましたが、必ずしもそれだけではありませんでした。大正時代、アナーキストの大杉栄はベルグソン哲学を研究し、革命を生の跳躍として捉えています。ムッソリーニへ影響を与えたジョルジュ・ソレルも、本人は社会主義、マルクス主義の思想家だったのはもう述べましたね。

『君たちはどう生きるか』で、おじさんにかつ子さん流の「英雄的精神」崇仰《すうぎょう》を頭から否定はさせず、むしろマルクス主義に取りこもうとさせたとき、あるいは吉野源三郎は、このソレルを意識していたのかもしれません。

というのは、『君たちはどう生きるか』刊行の三年前、岩波文庫で出たソレルの主著『暴力論』の訳者は、吉野の旧制第一高等学校での同期生木下半治だったからです。吉野と木下は、一高の野球部でともにレギュラーでした。ポジションは、吉野がショート、木下はセカンド……。ただし、吉野は一高の運動部に残る男色の伝統が嫌で、半年ほどで退部したそうです（「文藝春秋」2018年3月号、池上彰・吉野源太郎対談「父・吉野源三郎の教え」より）。

先に私は、池上彰先生や武蔵高校中学校の生徒さんたち、村瀬学先生、もしかしたら丸山眞男御大ですら、おじさん対かつ子さんという対決図式を理解していなかったため、「ナポレオンと四人の少年」の章を摑みきれていないと批判しましたね。

もしかしたら、以上のように、おじさんがかつ子さんの「英雄的精神」論を全否定していないため、対決のドラマを読み取り損なってしまうのかもしれません。

しかし、もちろん、かぶるとはいっても、おじさんとかつ子さんそれぞれの思想が一致するわけではありません。やはり対照的ではあるのです。

すなわち——

かつ子さんは、「英雄的精神」をそれが「英雄的精神」だというだけで礼讃します。おじさんも、「英雄的精神」の必要は認めます。ただしそれは、あくまでもマルクス主義がめざす革命のために必要だからであって、「英雄的精神」ならばそれだけで素晴らしいとはまったく考えていません。

ここまで説明したなら、先の第二の問いにもほとんど答えてしまったといってよいでしょう。

マルクス主義者は、あらゆる戦争に反対するわけではない

かつ子さんは、軍国主義者とまでいえるかはわかりませんが、反戦論者ではまったくありません。

すでに引用したように、「戦争ってものの、あたし、まだ見たことないけど、実際にそこに行ったら、ずいぶんこわいもんだろうと思うわ。」と戦争の怖ろしさを知る想像力はあります。しかし彼女は、ゆえに戦争を否定し、反対しようとはしません。むしろ、だからこそそれを乗り越える「英雄的精神」への鑽仰を惜しまないのです。

おじさんは、どうでしょうか。

岩波文庫版『君たちはどう生きるか』には、一九六七年ポプラ社から再刊された際、吉野源三郎が付したあとがき「作品について」が採録されています。

内容は、戦前、刊行された当時の背景説明です。国際的にはファシズムの脅威と大戦の危機。国内的には軍国主義の勃興。言論出版の自由のいちじるしい制限と、労働運動、社会主義運動への凶暴な弾圧。そんななか、自由主義の作家山本有三が、少年少女向けならまだ執筆できるから、次の時代を背負うべき人たちだけでも、時勢の悪い影響から守りたいと思い立った。「偏狭な国粋主義や反動的な思想を越えた、自由で豊かな文化のあることを、なんとかしてつたえておかねばならないし、人類の進歩についての信念をいまのうちに養っておかねばならない」。そう考えて、『君たちはどう生きるか』を含む日本少国民文庫を企画し、吉野源三郎に協力を仰いだのだと。

この山本有三の思いはそのまま吉野源三郎のものだったといえましょう。

すなわち、作者吉野源三郎がおじさんの「中の人」ですから、おじさんが、日本の軍国主義反対、ファシズム反対の人だったのは間違いありません。

しかし――

彼はあらゆる戦争、あらゆる軍隊に反対する人だっただろうか。

「英雄的精神」を、マルクス主義の革命に役に立つ限りでならば、かつ子さんに劣らず、必要だと強調したおじさんです。

ナポレオンについてコペル君に教えた「ノート」については、すでに詳しく紹介しましたね。

革命で解放され自由な国民となり、愛する祖国のため喜んで命を捧げようとしたフランス人民の勇気と精力とを、また、それらを新しい軍隊へと組織し、新しい軍隊にふさわしい戦術を考え出して、連戦連勝へと導いたナポレオンを、手放しで礼讃していたではありませんか。マルクス主義の枠内であれ、かつ子さん同様、「英雄的精神」をおおいに肯定するおじさんは、やはりマルクス主義の革命に役に立つ限りではありますが、戦争を否定はしない人だったのです。

おじさんをただの反戦平和主義者、『君たちはどう生きるか』を戦争絶対反対の書として読もうとした池上彰先生の試みはどうやら的外れでした。武蔵高校中学校の一生徒の、「軍国主義へ向かう世相下では、英雄的精神みたいなことを盛り込まないと出版できないから、無理やり入れ込んだのだろう」という発言もやはり誤りでしょう。戦後の反戦平和主義を基準とした、好意的な誤解と考えられます。

マルクス主義は本来、彼らの立場から人類の進歩に役立つと解せられる戦争ならば、肯定してはばからない思想なのです。

古い体制を守ろうとする権力を打倒する革命戦争。それが勝利した後、新しい秩序を生みだそうとする革命政権を潰そうと干渉してくる敵を撃退する革命防衛戦争。古い体制の安泰を図り、革命的諸国や勢力を阻もうとする国家群と地球規模で戦う世界革命戦争。

これらは当然、肯定されるのです。

管制高地を獲れ！——吉野源三郎砲兵少尉の軍事的知見

マルクスの右腕だったエンゲルスは、専門家はだしの軍事学の素養があり、マルクスの娘たちが「将軍」とあだ名をつけたくらいでした。

ロシア革命の指導者レーニンも、クラウゼヴィッツの『戦争論』など軍事学を深く研究して実践に活《い》かしていました。

革命で旧体制の支配層に勝って新しい時代を拓き、人類の進歩に貢献できるためには、軍事の知識は当然、必須なのです。

『君たちはどう生きるか』の吉野源三郎も、本格的な軍事学の教養を身につけていた人でした。

メディア学の泰斗《たいと》佐藤卓己京大教授の卓抜な吉野源三郎論、「管制高地に立つ編集者・吉野源三郎」(『近代日本のリーダーシップ』戸部良一編、二〇一四年 に所収)や「戦後平和主義の戦略家・吉野源三郎」によれば、吉野は、東京帝大の文学部哲学科を卒業した後、近衛砲兵連隊に一年志願兵として入隊しました。

後に、非合法の共産党員を匿って治安維持法で逮捕され、軍法会議にかけられた際の判決で、「学術科ノ成績優秀ニシテ勤務演習期末試験ニ於テハ及第者十五名中第一位ニ在リ」とされたくらい優秀な軍人だったらしい。一年後、陸軍砲兵少尉となっています。若き砲兵将校。ナポレオンと同じですね。

あの五章の「おじさんのノート」にある、「少なくとも戦争にかけては、ナポレオンの指揮というものは、ロシア遠征の失敗をのぞけば、どれもこれも、いまだに戦術の模範となっているほど、古今独歩のすばらしいものなのだ」という一節など、インテリ将校の軍事学の素養がにじみでています。

続いて「ノート」は、「戦争以外の場合でも、彼の決断はいつでも男らしく、彼の行動はいつでも積極的で、少しだってためらったり、ぐずついたりすることがない」とナポレオンを讃えるのです。

佐藤卓己は、吉野源三郎の「思想のリアリティと同時代」（『人間を信じる』岩波現代文庫所収）から、見習い砲兵士官時代の回想を引用しています。砲兵学校食堂には、「用兵の害、猶予最大なり」という大きな額があったというのです。日本の戦術教科書『作戦要務令』にも「為サザルト決セザルハ指揮ノ最大ノ誤リデアル」とあるそうです。ようするに「軍人というものは決断が早くなければなりません。決断するときに決断しなかったら負けるのです」。

右のナポレオン讃歌がこうした軍事的常識を背景としているのは明らかでしょう。

佐藤卓己論文は、『君たちはどう生きるか』の「一、へんな経験」で、コペル君が人間は分子だと思いついたのが、銀座のデパートの屋上から街路を見下ろしたときだったのに着目します。

そして藤田省三の吉野論「戦後精神の管制高地――吉野源三郎氏の姿」にある「管制高地」という軍事用語に注意を促すのです。

管制高地とは、戦場全体を見渡せる高台であり、そこを占領して鳥瞰観測できれば、各砲撃の方向も定まり戦局を掌握できる最重要地点なのです。日露戦争旅順攻略戦で両軍が死闘を尽くした二百三高地は、わが国ではもっとも知られた管制高地でしょう。

吉野源三郎が、社会や人間を捉える視座も、こうした管制高地を得て、そこから鳥瞰して得られるものだった。

その管制高地のひとつが、コペル君の「銀座のデパート屋上」でした。

吉野のこうした砲兵将校らしい視点と才能は、戦後も十全に発揮されたようです。

佐藤卓己は、戦後、反戦平和を訴える知識人たちのなかにあって、吉野が「全軍を指揮する将軍」のようで、自分たちは「この将校の後を従卒のようについていった」という清水幾太郎の回想（「素顔 吉野源三郎」）を引用しています。

清水によると吉野は、岩波文化人のあいだで「源さんは今でも軍人だね」といわれていたそうです。

ナポレオンのすべてを否定する村瀬学先生

戦争一般を必ずしも否定しないマルクス主義の信奉者。

軍事学を深く学びその思考方法を身につけた元砲兵将校。

吉野源三郎のこの側面を、『君たちはどう生きるか』のテキストから鋭くも読み取り、著書一冊を費やして徹底批判を加えたのが、児童文化研究などで知られる村瀬学同志社女子大学教授でした。

すでに挙げた著『異論あり』によってです。

この著で村瀬先生は、『君たちはどう生きるか』を反戦平和一辺倒の書として読もうとする池上彰先生の『特別授業』を徹底批判します。ここは私もほぼ同意見です。

また、そんな池上彰先生と比べて、武蔵高校中学校の生徒たちのナポレオン讃歌への批判や疑問を、「誰が読んでも至極真っ当な感想」だとしているところも異議なしです。

こうして村瀬学先生は、彼ら武蔵高校中学校のエリート生徒による疑問を引き取って、「五、ナポレオンと四人の少年」の章を批判的に徹底吟味してゆきます。

村瀬先生は、かつ子さんがナポレオンに託して「英雄的精神」への陶酔を語り戦争を讃美するくだりを、「書き写していても気持ちの悪くなる迷演説」だと呆れ、腐《くさ》すのです。

そして、「おじさんのノート」でまず、ナポレオンの事績が感動的に語られるところを、かつ子さんのナポレオン像の補足として捉えます。

かつ子さんもおじさんも、ただ天才的な戦争指導者としてナポレオンを讃えるばかりで、戦場で死んでいった膨大な兵士、焼き払われた家や逃げ惑う人々などがまるで視野にはいっていないというわけです。

村瀬先生は、彼らのこの視座を「高みからの見方」、「上から見る目」だと捉えます。

そして、ナポレオンの強さも、「雲の上からヨーロッパを見下ろすような思考法」、つまり「上から見る目」であるとし、『君たちはどう生きるか』の「一、へんな経験」でおじさんが讃えたコペル君の視座、銀座のデパートの屋上から見下ろして、人間を分子だと考えた発想をそこに重ね合わせるのです。

この分析、おじさんの「中の人」、吉野源三郎が、つねに「管制高地」から全体を捉えようとした砲兵将校だったとする佐藤卓己の指摘と見事に一致します。

村瀬先生の慧眼には舌をまくほかありません。

ともあれ村瀬先生は、そんな「上から見る目」では、戦場で死傷し焼かれ奪われた者たちの苦しみはまるで見えないといいたいのです。

村瀬先生は、「おじさんのノート」が、大陸封鎖の失敗とロシア遠征の惨敗に至ってようやく、ナポレオン批判を始めるとし、これを「遅い」、「遅すぎる」と叫ぶように否定します。なぜでしょうか。

村瀬学先生は「おじさんのノート」のナポレオン評をこう批判します。

「ナポレオンの失策は、初めはよかったのに後になって悪くなったというものではなかったはずなのです」、「彼が「英雄」と讃えられる行動の中にはすでに人間を人間と見なさない「失策」があり、はじめはその「失策」をうわ回るような「戦果」を上げていたので「英雄らしく」見えていただけ」だと……。

たしかにきわめて主観的なかつ子さんはもちろん、クールで客観的な「おじさんのノート」も、ナポレオン戦争の犠牲――それは惨敗した没落期の諸戦争のみならず、連戦連勝だった時期にだって膨大なものだった――をまったく語りません。ですから、村瀬先生のようなツッコミは当然、あってしかるべきでしょう。

ただし、です。村瀬学先生が、「おじさんのノート」の趣旨をひととおり吟味し終えたうえでならばそれもわかりますが、どうも読み落としがあるのではないか。それもけっこう根幹的なところを無視してしまってはいないだろうか。

すでに見たように、おじさんのナポレオン肯定は、かつ子さんの英雄精神無条件礼讃とは、ややかぶるものの、はっきり違っています。はっきり敵対関係にあるといってよい。それを、村瀬先生のように「おじさんのノート」はかつ子さんの補足だとひとつづきにしてよいのでしょうか。そうです。村瀬先生も池上彰先生や武蔵高校中学校生徒と同様、おじさんvsかつ子さんの対立図式が読みとれなかった。そして、それがゆえの誤読をしてしまったのです。

ここがヘンだよ、村瀬先生のおじさん批判！

おじさんが昇り坂の時期のナポレオンを評価するのは、フランス革命を防衛し、新時代を秩序づけるナポレオン法典を整えて、マルクス主義が認める人類の進歩に貢献したからでした。犠牲（村瀬先生のいう「失策」）をうわまわる「戦果」ゆえの評価ではなく、革命的偉業と考えられるがゆえの肯定なのです。

それでは、ナポレオンが生んだ犠牲者を忘れるなとする村瀬先生は、はたしてその犠牲ゆえにフランス革命を、ナポレオン法典を否定するのでしょうか。

そうではないでしょう。村瀬学先生は『異論あり』の末尾で、「ナポレオン伝を読もうとする若い人（現在のコペル君）は、「フランス革命」の本を合わせて読むべきだ」と提言しているのですから。

村瀬先生は、フランス革命が、産業発達で大都市に広まった極度の貧富の格差、大量の貧困層をなくすため、人々が立ち上がった反乱の歴史だったから、大事なのだと評価しています。

世界で初めての「生存権」の訴えだからだと。

これは、おじさんやその「中の人」吉野源三郎が、腐りきった封建制を打ち倒して、新しい時代を生みだしたところに、フランス革命の意義を認めるのとは評価する点が違ってはいます。

しかし、だからといってフランス革命の戦いが、蜂起してまもなく反革命や外国からの干渉軍により潰されてしまったらよいとはまさか考えないでしょう。村瀬先生が重視する生存権追求も革命政権が存続してこその物種なわけですから。

だったら、戦争の犠牲は犠牲としてスルーできないとしても、革命を防衛したナポレオンの戦争とその成果を全否定はできないはずです。

村瀬先生は、「『君たちはどう生きるか』にはナポレオンへの言及はあっても、彼を生むことになった「フランス革命」への言及はほとんどありませんでした」とします。

そうでしょうか!?

ナポレオンが率いたフランス軍の近代性を革命の伸長として説いた岩波文庫版187頁以下、殊に、ナポレオン法典が諸々の国家で近代法の模範とされたという世界史性を指摘したうえで、明治維新へ言及し、四民平等と日本民法がナポレオン法典を模範とした史実、そのうえで、めざましい商工業発達を来《きた》したという成果までを簡潔にまとめた岩波文庫版189頁は、フランス革命への言及ではないのでしょうか。

ナポレオンの生涯の記述と比べたら、たしかに分量は少ないかもしれない。生存権中心の村瀬先生のフランス革命観とは視点が違うかもしれない。

しかし、これを無視して、吉野がほとんどフランス革命に言及しなかったと批判するのは、やっぱり公平を欠くと考えざるをえません。

ナポレオン軍の人命軽視をもたらした民主主義の逆説

さらにいうならば、ここ数十年の新しい研究によると、村瀬学先生が告発するナポレオンのネガティブな側面も、フランス革命と切っても切り離せないものだったらしいのです。

村瀬先生は、「ナポレオンの伝記に、彼がしばしば「食人鬼」「人命の浪費者」と呼ばれていたことがしるされています」と指摘します。ロシア遠征では六十万人を動員しながら、生還したのはわずか一％の五千人だったとする戦記もあると。

しかし、そうした犠牲者の多さは、単に「おびただしい若者の戦死者を見ても平然としていたとか、彼の本性には人命についてのひどい鈍感化《ママ》さがあった」と伝えられるナポレオン個人の無慈悲、冷酷な気質に帰して済むものなのでしょうか。

冷戦終結期に刊行された川島弘三『社会主義の軍隊』（講談社現代新書）という著があります。

旧ソ連や中華人民共和国など社会主義国家の軍隊は、膨大な数の人民を徴募して惜しげもなく戦場へ投じたいわゆる人海戦術で訓練不足や兵器技術の遅れを補いました。彼らは人命軽視の軍隊によって、ナチスの侵略を撃退する大祖国戦争を戦いぬき、朝鮮戦争ではアメリカ軍を押し返したのです。むろん、おびただしい数の犠牲者を代償として（第二次世界大戦での旧ソ連の戦死者は、大東亜戦争での兵士、民間人合わせた全日本人死者の三倍以上、一千万人といわれています）。

川島先生は、こうした社会主義人民戦争の「人命を軽視し、犠牲を問わない兵力の投入と運用」は、フランス革命軍を率いたナポレオンの時代に形成されたものだとしています。

ナポレオン軍の輝かしい用兵、「機動、集中、中央突破、側翼旋回」などは、「犠牲をかえりみない間断なき兵力の投入、統率のもとに機械のように動く軍隊によってもたらされたものである。徴兵に支えられた軍隊は兵力の消耗をものともしなかった」。

しかし、無理やり徴兵された軍隊が、そこまでやすやすと死地へなだれこめるものでしょうか。ナポレオンの采配一下、一体となって自在に動くものでしょうか。

じつは革命下で行われたのは必ずしも無理やりの徴兵ではなかったのです。

「自由、平等を宣言し、貴族制と農奴制を廃止する、およそ「中世諸制度の残存物をいたるところで廃棄する」（トクヴィル）革命の意気に燃えるナポレオン軍」だからこそ、「兵士にいたるまで犠牲を恐れなかった」のです。

これはあの「おじさんのノート」にあった「雇い兵なんかが夢にも知らない、勇気と精力とがあふれていた」兵士たちにほかなりません。彼らが、フランス革命共和国という「自分たちの愛する祖国のために、喜んで命をささげる人々だった」からこそ、すなわち民主主義国家の軍隊だったからこそ、「食人鬼」ナポレオンの人海戦術による「人命の浪費」もまた可能となったのでした。

そしてそんな兵士たちこそ、村瀬先生がいう、「世界で初めて」出てきた「『生存権』というものを訴える人々」そのものだったはずです。彼らの勇気と精力、犠牲を恐れない革命の意気だって、この「生存権」の死守の延長線上で、溢れでたのではなかったか。

「生存」を死守したいがために、死の犠牲をも恐れなくなるというのは、なんともやりきれない皮肉な逆説です。しかし、繰り返しますが、そうした軍隊の戦いによって、革命とその成果が護持されたのも、厳然たる歴史の事実なのです。

それだけではありません。

『戦争論』を著したフランスの思想家ロジェ・カイヨワによれば、「参政権を保有する個人」という考え方も、このとき徴兵されて小銃を持たされ共和国を支えた市民兵が基礎となったらしい。

いま、軍事的思考を復権せよ！——そして道徳教育へ

村瀬学先生のように、「生存権」を訴える戦いを肯定しながら、それを守った、「犠牲を恐れぬ」兵士と「兵力消耗」、「人命の浪費」を恐れぬナポレオンの采配は、断固として否定する。

それはいくらなんでも甘すぎないか。峻厳な現実のまえでは、たちまち虫のよさが露呈するご都合主義ではないでしょうか。

もちろん、人命が失われる戦争をよしとすべきではないでしょう。

しかし、です。

なんらかの犠牲を払わなければ、よき結果を出せない局面があるという現実を直視しないかぎり、反戦の闘いもまた有効に展開できないのではないか？

佐藤卓己教授が「『君たちはどう生きるか』著者の実像」を論じた「中央公論」掲載のエッセイのタイトルを「戦後平和主義の戦略家・吉野源三郎」という逆説にしてみせたのも、この問いを秘めたかったがゆえだったのかもしれません。

実際、いま現在、たとえば、反戦を訴え、安倍首相の自公政権打倒を叫ぶ自称リベラル勢力が、声高の割には敗北し続けているのも、彼らの大先輩、かつて反戦や政府批判やリベラル（当時は進歩的文化人とか革新系とかいった）の牙城だった岩波書店の総合雑誌「世界」の編

集長として采配をふるった吉野源三郎砲兵少尉がじつはしっかり身につけていた軍事的思考を喪失したからではないでしょうか。

以上、前篇では、もっぱら「五、ナポレオンと四人の少年」に即して、『君たちはどう生きるか』の、ほとんど言及されて来なかった深層へ光をあててみました。

後篇では、ここまでの考察を踏まえて、いよいよ『君たちはどう生きるか』のメイン・ストーリーを捉え直してみたい。

そのとき、道徳の教科書として推奨されたり、また嫌われたりもしてきた物語が、姿を一変させて、私たちの前に立ち顕れるのではないか。

そして、クールでビターな極めつきのメッセージが私たちへ届くのではないか。

そう考えるからです。

あのヒロインかつ子さんも、前篇とはちょっと性格を違えて、しかしやっぱり重要な役割をおびて登場しますので、どうかお楽しみに！

後篇

正義が有料であること

道徳の成績評価がされる時代が到来した

つまらない道徳の教科書。

私はプロローグで、『君たちはどう生きるか』のマンガ版をこう評しました。

この著が、テレビや新聞などでたびたび取り上げられた背景には、単にベストセラーだというだけでなく、この問題も潜んでいたのかもしれません。

「読みたい本」ではなく「読ませたい本」である『君たちはどう生きるか』。

これを「読ませたい」人の筆頭というべき教育者の皆さんにとって、「道徳の教科書」はいま、避けて通れない問題なのです。

じつは、文部科学省の学習指導要領改訂の一環として、二〇一八年春から、小学校で、これまで課外活動とされてきた「道徳」が、正式教科とされました。

二〇一九年度からは中学校でもそうなります。

検定教科書を用いた授業が行われ、点数でなくコメント形式ではありますが、成績評価も義務づけられるそうです。教科書の模範例『私たちの道徳』もすでに文科省により発表されました。

『君たちはどう生きるか』をざっと読んで、まだ教科外とされた私たちの小中学生時代、副読本で読ませられたり、映像で鑑賞させられたりした、「徳目」を教える物語を思い出した方も多いかもしれません。

原作から枝葉をほとんどそぎ落し、中心となるストーリーのみを単純化したマンガ版ならば、なおさらです。

描かれているのは、こんなベタなストーリーですから。

卑怯者！ 卑怯者！ 卑怯者！――コペル君、自己嫌悪に沈む

このマンガ版は、オープニングで、後半のクライマックスを摘出して、物語を予告します。

感冒（インフルエンザでしょうか？）で高熱を出し学校を休み続けるコペル君。しかし、彼の本当の苦しみは、病気ではありません。二週間ほどまえ、学校で親友たちを裏切ってしまった悔恨、卑怯者と呼ばれて当然なへたれだった自分への嫌悪にありました。

熱なんかもっと上がってしまえばいい。もう、どうなってしまったっていいんだ。僕なんて死んでしまったほうがいいんだ。

彼はそこまで思い詰めています。

コペル君にいったい何があったのか。

マンガ版は、プロローグ以後、ずいぶん省略しまた改変しながらですが、原作を最初からな

ぞってゆき、7と8、「雪の日の出来事」の前編と後編において、ようやくそれを明かします。

原作では、「六、雪の日の出来事」にあたる章です。

何があったのかは、すでにプロローグで簡単に触れました。

タイトル通り大雪で校庭が埋まった日、コペル君たちは雪合戦に熱中。その際、横暴で知られる柔道部の上級生黒川たちが作った雪人形を、仲間の北見君がうっかりこわしてしまいます。それを口実に、かねてより生意気な後輩だと目をつけていた北見君へ制裁を加えようとする黒川ら上級生たち。

そこへ駆けよってどもりながら北見君は悪くないと訴え、真っ青になってふるえながら北見君を守って立ちはだかったのが、一緒に遊んでいた浦川君でした。水谷君も合流します。

ふたりともいつもコペル君と一緒にいる親友たちです。

しかし、コペル君は、「自分も飛び出すならこのときだ」とわかりながら、全身がふるえて動けません。

黒川が恐ろしい声で、「北見の仲間は、みんな出て来いッ」と叫んで、下級生たちを見まわしたときも顔を伏せて雪玉を捨てただけでした。北見君が殴られ、上級生たちから雪つぶてを延々ぶつけられ、水谷君や浦川君がそれを受け止めながら北見君を守りつづけたときも、コペル君はまったく動けませんでした。

こうした事態が起こりかねないと以前からわかっていて、そのときコペル君は、いざというときには、北見君のまえで僕が壁になる、絶対に逃げずにみんなで戦うと率先して約束したのに。暴力に傷つきかばいあいながら、コペル君を無視して去ってゆく三人。浦川君だけは、ふり返りコペル君と目が合うと気の毒そうな顔をして、やはり去っていった。

「卑怯者　卑怯者　卑怯者」。

「どうしたら、いいんだろう。どうしたら、いいんだろう」。

まじめでまた思索的なコペル君は、もう学校へ行きたくないとまで、悩んで思い詰め、沈みこみ、ついに高熱で休んでしまう。

マンガ版のオープニングは、ここですね。

こんなとき、どうすればよいのか。

いかにも道徳の副読本にありそうなお話です。

そんなコペル君へメンターであるおじさんが与えたメッセージについても、プロローグですでに触れましたね。

裏切ってしまった友達へ正直にあやまる手紙を書くしかない。

それで彼らが許してくれるかどうかわからなくても、書くしかない。

そんなの嫌だよとぐずっているのはただの甘えだ。友との誓約を裏切ったという、自分がやってしまった過ちとちゃんと向き合わないで、なんとかごまかせないかと先送りしているだけだ。

それでは、どうしたらいいんだろうの堂々巡りばかりでは、事態は一歩も進まないし何も変わらない。

逃げちゃだめだ。もう、逃げてちゃだめだ。

さすが、核心を突いたおじさんの諭しを聞いて、コペル君はようやく、手紙を書いてあやまる決意をする。

よしりんは、『君たちはどう生きるか』を徹底批判する!

こうしたコペル君のへたれ具合と、そんな彼を甘やかしているとしか思えぬおじさんそのほかに、呆れはて、業を煮やして鉄槌を下したのが、『ゴーマニズム宣言』のマンガ家小林よしのり先生です(「ゴーマニズム宣言・第12章『君たちはどう生きるか』」週刊SPA!2018年7月17・24日号掲載)。

小林先生は、『君たちはどう生きるか』前半、「2、勇ましき友」(マンガ版)のエピソードから語り始めます。

コペル君のクラスで、浦川君がいじめられている。

クラスで山口のグループによる浦川君いじめがひどくエスカレートしたとき、正義感の強いガッチンこと北見君はついに堪忍袋の緒が切れ山口へ殴りかかり組み伏せたのです。

このとき、コペル君は何もしなかった。それまでの数々のいじめについてももちろん、ただ見ているだけだった。

この事件をコペル君から聞いて、おじさんはコペル君を一切非難していない。立ち上がることはできなかったけど、自分が感じたことを心のなかで言葉にできるのは立派だと、かえってコペル君を励ましている。

そして、「7、雪の日の出来事」（マンガ版）がやってきます。

北見君を守ると約束した友人たちのうち、コペル君だけは名乗り出ず、皆が上級生に殴られるのを見ていた。

おじさんはこのときも、コペル君を叱らないで、激しく悔やむ姿を、正しい道へ向かおうとしている証しだと称賛する。

「そして、友達もあっさりコペル君を許してくれるのだ」。

このように物語を要約した小林よしのり先生は、「いざという時にはかならず逃げる男、それがコペル君だ」と断じます。「コペル君は二回も友達を見捨てて逃げ、それでも正当化され、称賛され、許される！」。

そんな虫のいい話がベストセラー『君たちはどう生きるか』だとまとめます。

そして――

「これは、いざという時に、必ず逃げる男を、どう正当化するかという話だ！」。

「いまの世の中は、いざとなったら逃げる。親しい者でも見殺しにする。見て見ぬふりをする、という人間ばかりになっている」。

「だからその卑しい行動を容認してくれて、それでもいいんだよという言い訳を並べ立て、むしろ、それでこそよりよく生きようとしている証なのだと、称賛までしてくれる本に、みんな癒されるのだろう」と、売れている理由を推測するのです。

読みたい本でない読ませたい本から、癒しをもらった人がはたしてどれだけいたかは疑問ですが、これらの批判は、基本的に正しいというべきでしょう。

もっとも、小林よしのり先生は、原作は読まれていないのかもしれない。

小林先生が引用したストーリーのうち、北見君が、「ひきょうだぞ山口……弱い者いじめをして……」と山口を組みふせたとき、クラスのみんなが北見君に手を貸そうと山口をこづくが、コペル君は動かないという場面は、原作にはありません。

山口へ挑みかかるのは北見君ひとりです。

山口がこのときの恨みを上級生の兄へ告げ口したため、北見君が上級生につけ狙われ、あの雪の日を迎える展開を、小林先生は引用していますが、これも原作にはないマンガ版での改変です。

原作では、山口はおしゃれで映画好きの軟派野郎で、むしろ、剛直で生意気な北見君と並んで、横暴な上級生には制裁対象と見られているのです。

このような違いはあるにせよ、大筋は変わりません。

原作でも、コペル君が、必ず逃げる男として描かれ、激しい悔恨に沈みはしても、結局はおじさんにも友達にも否定されず許されているのは確かですから。

また、そもそも小林先生のスタンスは、二百万部以上売れているという社会現象としての『君たちはどう生きるか』を俎上に載せ、斬ろうとしたのですから、原作まで読む必要はそもそもないともいえるでしょう。

ただし、です。

マンガ版にはないデテールを豊富に含む原作をあらためて読んでみると、ふやけきったコペル君へたれ物語の周辺、背景をめぐるさまざまな描写から、幾つもの問題提起を汲みとることができるのです。

小林先生の批判を受け止めるためにも、いろいろと参考になりそうな……。

すなわち、表立っては、メンターであるおじさんがコペル君を諭すお説教を読ませながら、それを懐疑するかのような裏メッセージが幾重にも仕込んである。

原作『君たちはどう生きるか』はそんな奇妙な名著なのです。

ここまでは一致——小林よしのり、吉野源三郎、丸山眞男

コペル君を徹底批判した小林よしのり先生ですが、コペル君が逃げたからそれだけでダメだとする単純ゴーマンなお説教をかましているわけではありません。

卑怯者に言い訳、逃げ道を与えるな。まずは、そういっている。そして——「とことん自己嫌悪して、そこ（卑怯者）から少しずつ勇気を出す訓練を積み重ねるしかない」と説くのです。

ここだけ読むと、必ずしも、『君たちはどう生きるか』とそう違ったことをいっていないように読めます。

まずコペル君は、とことん自己嫌悪はしています。

しかしその結果、勇気を出す訓練へ踏みだすわけではない。北見君たちに会いたくない、学校へ行きたくないと逃げまわる。

殊に原作では、知ったときには遅かったとか、ひどく体調が悪かったとか、飛び出して殴られるより暴行を見届けて証人になろうと考えたのだとか、なんとも姑息な言い訳を必死に考え

たりしています。

そして、このときはさすがのおじさんも、いつになくきびしく叱っていましたね。原作でもマンガ版でも。

コペル君の甘えを見破ったおじさんに、絶交されるのを覚悟してでも、皆にあやまるんだときびしく諭されて、コペル君は北見君たちに手紙を書くのです。

マンガ版ではその手紙の文面は出てきません。

原作ではその全文が載っています。

そこでコペル君はまず、約束をしっかり覚えていながら、上級生による暴力のまえへ出てゆかず、だまって見ていたいくじのない自分を友人たちへ正直に晒します。

卑怯者、臆病者、絶交されても何もいえない自分であると認めます。

そのうえで、本当に悪かったとあやまるのです。

そして、本当に悪かったと思っていることをいつか君たちにわかってもらえるように、それだけのことをしたい、そのときこそ必ず勇気を出してみせますと、新たな誓いをするのです。

「出来ることなら、それを信じて下さい。信じてくれたら、僕、どんなにうれしいでしょう」。

手紙本文はこう結ばれます。

マンガ版では、手紙内容は省略され、ようやく登校して北見君たちと再会したコペル君が、

「約束を守れなくて……」「本当にごめん……」「許してもらえなくても」「仲直りできなくても……」「僕はずっと待ちます……!!」と思わず叫ぶかたちで要約されています。

なるほど、これでは、小林よしのり先生が呆れるのも無理はない。ひたすら甘えて許しを請うているだけですね。

しかし、原作の手紙では、「こんどこそ、僕も、必ず勇気を出して見せます」というあらたな誓いがなされています。

こちらの手紙ならば、小林先生のいう「そこから少しずつ勇気を出す訓練を積み重ねるしかない」と、そう違わないのではないか?

もう少し、例を挙げて考えてみましょう。

岩波文庫版解説「『君たちはどう生きるか』をめぐる回想」を読むと、丸山眞男も『君たちはどう生きるか』から、こんな教えを引き出しています。

「自分の弱さが過ちを犯させたことを正面から見つめ、その空しさに耐える思いの中から、新たな自信を汲み出して行く」と。

そして、初めて読んだ戦前、治安維持法で誤認逮捕されたとき、留置場で「不覚」にも涙を流した体験を語ります。

丸山は、その涙を、剛直な共産主義者の友人に見られてしまった。浦川君の気の毒そうなまなざしを浴びたコペル君と同じです。

しかし、そんな自分のへたれぶりを直視して恥じいったおかげで、以後何度か、特高（特別高等警察。政治犯、思想犯を取り締まった）や憲兵に訊問召喚されたときには、「不覚」をとらぬ心構えが多少は身についた。「どんなに弱く臆病な人間でも、それを自覚させるような経験を通じて、モラルの面でわずかなりとも「成長」が可能なのだ、ということを学んだ」と回想するのです。

＊上原隆先生は、『君たちはどう生きるかの哲学』で、この過ちを犯した己れを自己嫌悪するところから、少しずつ正しさへ近づいてゆこうという考え方を、プラグマティズムの哲学者パースの認識論「マチガイ主義」だとしています。鶴見俊輔による平易な訳語です。

鶴見は、『君たちはどう生きるか』を、「日本人が書いた哲学書として最も独創的なものの一つ」と讃えましたが、こうしたところが気にいったのでしょうか。

毛沢東の「実践論」とかを想起させる哲学ですね。

これも、小林先生のいう「そこから少しずつ勇気を出す訓練を積み重ねるしかない」とあまり違わないように見えます。

それでは、小林よしのり先生は外した批判をしているのでしょうか。

いわゆるワラ人形批判に陥ってしまったのでしょうか。

ここであらためて、「ゴーマニズム宣言・第12章『君たちはどう生きるか』」を、読んでみましょう。

「勇気」をリアリズム込みで考える小林よしのり

この回は、二〇一八年六月九日、新幹線のぞみ車中で、突如鉈《なた》を振りあげてふたりの女性を襲った通り魔を羽交い締めにして女性たちを救い、自分が鉈でめった打ちにされて殺された梅田耕太郎氏を讃えるために描かれています。

コペル君は、このヒーロー梅田氏の対極をなす、最悪逃げ男の例として、持ち出されているのです。

そのうえで、小林よしのり先生が展開する考察は、たいへん目配りが利いています。

通り魔の出現に際して、見て見ぬふりをして動かぬだろうコペル君や我々の大多数を、一概に否定はしないからです。

居合わせたものは必ず助けにゆくべきだとはいえない。われ先にと逃げたとしても、それを非難することもできない。

なにしろ、相手は鉈を振り回しているのだし。

小林先生自身がまず、己の弱さを直視してこういうのです。

「わし」だって「いざとなったら、足がすくんでガクブルで動けないかもしれない」と。

ではどうすればいいのでしょう。

先生は、「どう行動するかは、普段からいつも考えて、シミュレーションしておかねばならない」。

「場面に応じて正義を行うための知恵や手段を普段から考えておくことだ」。

一例として先生がシミュレートするのは、こうです。

銃男が暴れだし、こちらが丸腰だったら、大声で絶叫する。そして男たちに全員で取り押さえ女性を守れと訴える。犯人の注意を絶叫で逸らさせ、隙を見て大勢で襲いかかろう。

できれば、ナイフか催眠スプレーを携帯しておこう。

これで、実際にどこまでうまくゆくかはわかりません。

しかしこれで、小林よしのり先生の思考が、コペル君や丸山眞男と一見、似ているようでひとつ次元を違えたものであるのが、わかります。

どこが違うのか。

コペル君や丸山は、卑怯な自分を直視して成長しようとしますが、それはどこまでも丸山のいう「モラルの面」での成長です。

いざというとき、勇気を出せる人間となる。友達から軽蔑されない、「不覚」をとらない自分となる。

ようするに「道徳の次元」での成長です。

しかし、小林先生のは似ているようで違う。

勇気を出す訓練といいながら、決して精神主義にとどまらず、ナイフやスプレーという「軍事的次元」、大声で訴えて大勢を動員するという「政治の次元」を語っているのです。

本当は怖い「見て見ぬふりは止めよう」というお説教

この次元の違いはたいへん重要です。

『君たちはどう生きるか』も、その甘さに呆れる小林よしのり先生の批判も、仮に道徳の副読本として読まされたとしたら、生徒は、どう受け取るでしょうか。

「いじめを見て見ぬふりは止めよう」というあれだな。そう思うのではないか。

誰だっていじめを止め、自殺をなくすためにできることがある。皆まずは「見て見ぬふり」を止めようという、あれです。

たしかに「いじめ」においては、直接いじめに加わる者はごく少数でも、不快に感じながらも見て見ぬふりをする大多数が、いじめを温存し助長している状況があります。

浦川君への「いじめ」と北見君の介入が語られた『君たちはどう生きるか』原作の「二、勇ましき友」には、この状況もまたリアルに描写されています。

体育実技での浦川君の不器用さに先生も思わず失笑するとか。襟首から砂をいれるだの文房具を隠すだのといった山口たちのいじめを、いつしかさびしく笑うだけでやりすごすばかりとなると、「みんなは、浦川君には何をしても怒らないと考えはじめました」とか。

教室で、浦川君いじめを唆《そそのか》すメモが記された紙片＝「電信」が回ってきたとき、コペル君はそんなことするもんかと決めながらも、「電信」そのものは握り潰さずに次へ回してやったとか（この「電信」は、いうなれば、今日のＬＩＮＥいじめや学校裏サイトの源流といえましょう。それが「電信」という隠語で呼ばれていたとは！　デジタル時代の我々としてはその予見性に唸らされます）。山口たちが浦川君を嘲り笑うとつられて笑う者がかなりいるとか。

こうしたひとつひとつの見過ごしが、「いじめ」の被害者をより孤独へ陥れ、じわじわと追い詰めてゆくのでしょう。だから――、

そこでは皆が「いじめ」当事者であり、加害者であるのだから、まずひとり、まず君が、声を上げなくてはいけないなどという定番が、これまで語られてきました。

なるほど、それは正論でしょう。

しかし、これがどれだけ、言うは易く行うは難しであるかが、はたしてどこまで了解されているでしょうか。

見て見ぬふりを止めて介入し、いじめ阻止に失敗したときの怖ろしさを、それこそ「知って知らぬふり」したままのこうしたお説教が、学校が教える道徳など、しょせん現実味のない建前なのだという諦観を、生徒等へ浸透させてゆくのです。

たとえば、2012年9月20日付朝日新聞朝刊は、同紙で連載した諸家のいじめ問題へのコメントを、小学校六年生たちと読んで話し合った滋賀県の教師の試みを紹介しています。

皆の本音があふれたのは、「いじめを見ているのも、結果的にはいじめているのと同じ」と諭す、サッカー選手槙野智章氏のコメントを取り上げたときだったそうです。

「いじめられてる子をかばうと友達がいなくなる」、「今度は自分がいじめられるかも」、「先生に言うと、誰が言ったかばれる」etc.。

まったく、その通りでしょう。

実際にも、二〇一〇年六月七日、川崎市麻生区で起きた中三生の自殺事件は、いじめられていた友人をかばううちに彼自身がいじめの対象となったのが原因でした。

二〇一四年六月三日には、豊橋市の小学校で三年生の女児が、同級生がいじめられているのを見かねて、「代わりに私をいじめて」とかばい、数人の男児から殴る蹴るの暴行をうけて負傷しています。

「見て見ぬふりはいじめと同じ」といった発言は、たとえ命を失っても負傷させられても、いじめを止めよ。さもなければ、君は加害者だといっているに等しいのがわかりますね。日頃、親御さんから「いじめを見て見ぬふりをしてはだめ」と教えられていた子どもが、同じように犠牲となった例も聞いたことがあります。先生の同様の指導が裏目に出た例もきっとあるはずです。

こうした事実を考えると、見て見ぬふりは止めようというお説教の危険さと不毛さは明らかです。

真に受けたまじめな生徒は、「いじめ」のターゲットとされる可能性大ですし、それを知る大多数の生徒は、道徳の授業は聞き流してなんぼのお説教だと割り切るばかりでしょうから。

しかしここで、第三の道は探れないのでしょうか。

小林先生の「ゴーマニズム宣言・第12章」には、はっきりその模索がありました。

しかし、『君たちはどう生きるか』原作のストーリーからも、そうした考察の跡が読み取れないではないのです。

「見て見ぬふり」をしないヒーローとなれる必要条件

ここで第三の道を探るために必要なのは、客観的、科学的な思索でしょう。

見て見ぬふりを止めて介入したら、自分がいじめられる。

しかし、必ずそうなるのだろうか。そうならなかった例はないのか。

あったとしたら、どこが違っていたのか。

「見て見ぬふり」をせず、「介入者」（というのだそうです）となって「いじめ」を止めさせられ、しかも、介入者に友達がいなくなるとか、それにより自分が「いじめ」の標的となったりとかはしなかった例。

そうした例は、普通にあります。そして、私が見聞したり読んだ限り、そうした例には共通点がありました。

それは、介入した生徒が、腕力や学力、体格、服装、人望（社交性、コミュ力）いずれであれ、クラス内でも一目おかれているキャラだったという点です。

つまり「スクールカースト上位」のような者でないとだめなのでした。

『君たちはどう生きるか』「二、勇ましき友」の介入者である北見君は、何よりも腕力がクラスで抜群ですし、体格はいかつい。性格も、愛すべき陽気な頑固者というキャラである人気者です。

すなわち「いじめ」への介入、阻止は、「いじめてはいけない。止めろ」という道徳や正義の建前をかざして介入するだけではだめなのです。

なぜでしょうか。

社会学者・内藤朝雄《あさお》明治大准教授が、2017年9月28日付朝日新聞朝刊で答えたインタビューが、これに端的に答えています。

すなわち――

「子どもたちが小さな社会で重視するのは、その場、その時の「ノリ」です。ノッていれば何でも許される一方、浮くことは絶対に許されない。子どもたちが所属するのは、「人をいじめてはいけない」という一般的な社会ではなく、「ノリは神聖にしておかすべからず」という独自の社会。ノリは絶対的力であらがうことは難しいのです」。

ノリは盛り上がりといってもいいし、空気といってもいい。これが至上であるのは、もはや、子どもたちに限らず、「一般的な社会」だってほぼ同じではないか。

この「ノリ」絶対主義、空気至上、盛り上がりに逆らえないという世の中の現実。

これ自体を動かすのは、至難でしょう。

しかし、空気支配というこの不動の法則を踏まえて、「いじめ」のエスカレートを阻む介入は可能です。

それには、介入者が、自分が「いじめ」を不快と感じ多数者もまたそう感じており、それこそがいまここの支配的空気であるのに、おまえはそれを乱すのかという方向へ、空気、ノリ、盛り上げの主導権を奪えばよいわけですから。

しかし、これは誰にでもできるわけではありません。

北見君のような腕力にも人望にも恵まれている者でなくては、かえって危険です。

北見君が正義漢だったから、介入に成功したのではありません。

逆です。北見君が人望ある有力者だったから、正義を掲げても浮かなかったのです。いい子ぶった煙たいやつだと敬遠されて、次なる「いじめ」のターゲットとされることもなく済んだのです。

小林よしのり先生が称揚した梅田耕太郎氏も、名門エリート校出身で身長百八十センチ近い文武両道のスポーツマン、会社でも人望厚く将来を嘱望された人格者でした。

新幹線での惨事はいじめとは違いますが、クラスで「いじめ」があったとしても、梅田氏なら介入したでしょうし、阻止に成功したでしょう。

小林先生は、「いじめ」への介入とその難しさについては具体的考察はしていません。

しかし、「見て見ぬふり」でいいのかについての具体的考察は、新幹線の通り魔がらみで充分、展開されています。

注目すべきは、絶叫して犯人の注意をひきつけ、車中の男たち全員で包囲しろ、取り押さえろ、女を守れと煽るべしという提案です。

これで、車中を支配しているだろうさわらぬ神にたたりなしの空気を変えられるでしょうか。

立ち上がり絶叫する勇気があっても、彼にわずかでもおびえたりすくんだりしている隙が見えたらもう、通り魔がつくった空気は揺るがない。通り魔主導の恐怖の空気に亀裂ははいらない。

変えられるのは、北見君とか梅田氏とかのような、一目で皆が信頼したくなるような堂々とした男だけではないのか。

小林よしのり先生も、そういう男でしょう。

しかし、小柄で「おたく」系（過去の早慶戦全データを暗唱できるのが自慢！）、秀才タイプのコペル君だったらどうか。

たとえ逃げ男ではなく、介入する勇気があっても、北見君や梅田氏のようにはうまくゆかなかったのではないか。

人にはそれぞれ、向き不向きがあるのです。

「それでは、コペル君は、何もしなくても許されるのか」。

小林よしのり先生なら当然、そう反問するでしょう。

私の答えは、こうです。

北見君のように、「いじめ」の現場で腕力による緊急介入を実行するのは無理でも、コペル君こそが出来る浦川君いじめ解消への行動があるのではないか。

それを実践するしかない。これが私の答えです。

そして、原作を読みこめば、コペル君はそれをちゃんと実践していると考えられるのです。

「いじめ」の構造から考えてみる――①浦川君の「孤立」

それは何か。

ここを考えるには、浦川君への「いじめ」がどういう背景があって生じたのかを知っておく必要があります。

「いじめ」において、もし腕力も人望もある有力者が介入してきたら、クラスの空気が一変し、いじめている自分が悪者となってしまう。

「いじめ」のターゲットへの転落すらありうる。

「いじめ」加害者はこれをどこかで知っています。

ですから、「あいつは……だよね」といった噂話などで、ターゲットが皆から敬遠される空気を常日頃から醸し出し、多数者や有力者から分断しておくのです。

「いじめ」を怖いほど深く洞察した『いじめの政治学』の著者、精神病理学者中井久夫博士は、これを「孤立化」と名づけています。

あらかじめ友達がいなくて、有力者からも多数者からも「孤立」している者ならば、いじめても介入される可能性も、空気が逆転する可能性もないでしょう。

吉野源三郎が描く、「いじめ」の被害者浦川君は、まさしくそんな「孤立」した生徒でした。

そうなったそもそもの原因は、「階級差」にありました。

彼は、現在の豊島区雑司が谷だと推測される貧しい商店街にある豆腐屋の息子なのです。

これは、「有名な実業家や役人や、大学教授、医者、弁護士など」エリートの子息が多いコペル君の旧制中学（ノンフィクション作家関川夏央氏は、吉野源三郎の母校、東京高等師範学校附属中学がモデルではないかと推測しています）のクラスでは、例外的な存在といえます。

このあたりは現在の「いじめ」とは、やや違うと思われるかもしれません。

だが、はたしてそうでしょうか。

階級格差は、そのままで「いじめ」に直結するわけではありません。

しかし、階級格差は、吉野源三郎が詳細に描写してゆくように、浦川君の服装にも成績にも顕著に顕れてしまうのです。

神宮球場でも皆が知っているのは内野席、浦川君は外野席。映画も、皆が市中の一流封切館へ行くのに、彼は場末しか知らない。

皆が親しんでいる街・銀座など二年に一度ゆくかどうか。

避暑地やスキー場、温泉場の話題には、もうまったくはいれない。

笑い方や口のきき方も、あか抜けないし、田舎くさい。

弁当のおかずは毎日、売れ残りの油揚ばかり。

ようするに身についた文化的背景（ハビトゥス）がまるで違うのですね。

貧しいから侮蔑されるという以前に、話が合わなすぎる。

空気もお互い読めないでしょう。

これでは結果的にほぼコミュ障（コミュニケーション障害）に等しい。

みんなの共通の話題での盛り上がりが通じず、その場にいるだけで、ノリを停滞させ空気を澱ませる面倒くさいやつだから、いじめられてもまあ仕方ないと皆、感じてしまう。

そう考えると、これはやはり、現代にも通じる普遍的な「いじめ」なのだとわかります。

しかも、吉野による「いじめ」描写が本当に精緻で、かつリアルなのは、次のような設定からも明らかです。

浦川君をいじめるグループの中心、山口。

彼は、あの横暴な上級生、柔道部の黒川のような体育会系ではまったくない。すでに触れたように、山口はおしゃれで、映画俳優のブロマイドを二百枚以上持っている。当時の言葉でいう軽佻浮薄《けいちょうふはく》な軟派なのです。

彼はきっと、自分の都会的趣味にプライドを抱いていたのでしょう。そして、通うのが、東京のホワイト・カラーの子弟が集うハイソな中学だという環境も、山口のプライドをなしていた。

そこへひとりまぎれこんできた、体型や風体、口のきき方からして貧乏くさい豆腐屋のせがれ……。

そんな浦川君は、山口にしてみれば、目障りどころか、近くにただいるだけで己のアイデンティティを脅かしてくる存在だったのではないか。

マンガ版では、山口を横暴な上級生の弟に設定してひとくくりにしてしまったため、この動機が推測できません。

山口ほどではないにしろ、この超エリート中学の生徒の多くはこうしたプライドを共有していたことでしょう。

積極的「いじめ」行為に直接加担はしなくとも、鉄棒で往生する浦川君を「気の毒とは思いながら、おなかの皮をよって」笑い、「ほとんどみんな、浦川君を馬鹿にし」、浦川君は「さびしく仲間はずれになっているより仕方がありませんでした」。

これならば、山口たちは、わざわざ浦川君を皆から分断し「孤立化」しようとするまでもない。浦川君はすでに充分、孤立していたのです。

＊階級が違うゆえにクラスで仲間外《はぶ》れにされる浦川君を、「豆腐屋」の息子とした設定から、ひとつの

連想が浮かびます。

『君たちはどう生きるか』の九年まえ、「少年倶楽部」連載を経て刊行され、当時の十代によく読まれていた、少年小説の金字塔、佐藤紅緑の『あゝ玉杯に花うけて』です。主人公青木千三、貧困のなか向学心に燃える通称チビ公は、叔父の豆腐屋で働く少年なのです。

彼は、小学校一番の秀才でしたが、貧しさゆえ進学できない。旧友のインテリ少年光一は、旧制浦和中学へ進学してエリート・コースを歩みますが、変わらぬ友情でチビ公を励ます。

このチビ公を浦川君とすれば、光一はコペル君でしょう。腕力があり最初チビ公を侮蔑するいじめっ子だったが実は正義感があり改心する生蕃《せいばん》には、北見君っぽいところがあります。

チビ公が、旧制第一高等学校入試合格というリベンジを賭けて通う私塾の黙々先生と塾OBの一高生安場五郎先輩の諭しや励ましは、コペル君のおじさんを連想させます。

階級差によるいじめも描かれますし、野球も登場します。学生弁論大会のテーマが「英雄論」で、レーニンやムッソリーニの名を出しながら真の英雄とは何かが論じられるところは、かつ子さんのナポレオン談義と重なります。

吉野源三郎は、物語の舞台を、『あゝ玉杯に花うけて』の、まだ都市化が進んでいない大正末の浦和から、消費文化が浸透した東京山の手へと移し、豆腐屋の少年も親のない手伝いから中学進学がぎりぎり可能である零細商店経営者の息子へと上昇させました。

浦川君が、成績もかんばしくなく運動も下手なのは、じつは日々家業を手伝うだけでいっぱいの生活をしているゆえでした。コペル君が勉強を、かつ子さんが体育をサポートしたら、彼はみるみる出来るようになったのです。

浦川君は貧しい地域の小学校ではおそらく一番の秀才で、多少無理をしてでも、期待を担ってエリート校へ進学したのでしょう。

こうして、浦川君が、主人公コペル君の同級生として登場する学園ドラマが可能となったのです。

それが『君たちはどう生きるか』ではないでしょうか。

そして、現在に通じる教室内「いじめ」を描くこともまた可能となった。

考えてみれば、貧困層の進学自体が奇跡的な大正末期、地方の少年チビ公たちにあっては、社会的上昇を可能とするのにいかなる道があるかがすべてであり、進学して出世して「その先」どう生きるかなどを十代が考える余裕は皆無だったのでしょう。

しかし、中学進学まではなんとかなった浦川君の世代には、東京山の手のエリート校限定であれ、「その先」を考える余裕がやっと生まれた。そこで『君たちはどう生きるか』だったのでしょう。

さて、文化的異質さから、「いじめ」られる必要にして充分な条件「孤立化」を満たしてしまっていた浦川君。

これならば、山口たちはもういじめ放題です。

浦川君の味方をしたら、自分もおかしなやつだと見なされかねないから、誰も関わろうとしない。
浦川君も、もはやあきらめて抵抗しない。「いじめ」は日常の風景と化して、皆はもはや、見て見ぬふりどころか、意識すらしていない。

あの中井博士の『いじめの政治学』は、こうした状態を「いじめ」の完成と考え、「透明化」と呼んでいます。

「いじめ」の構造から考えてみる――②コペル君の「支援」

山口を殴り組みふせた北見君の快挙は、この状態へなるほど一石を投じました。

しかし「いじめ」の場合、それではまだ足りないのです。

浦川君が皆に親しく溶けこめるようになったわけではない。「孤立化」がまだまだ解消されていない。

「いじめ」のあまりのエスカレートを見るに見かねた北見君は、正義感から一時的に味方となってくれただけです。

親密な友達となったわけではない。ほかの生徒が近づいてきた様子もありません。

「四、貧しき友」の章で、浦川君が数日、学校を欠席します。しかし、誰かが三日も休めば、親密な友達が見舞いに赴くのが普通のこの学校で、浦川君を見舞う親しい友達は、北見君の介入から一か月を経ても、誰もいないのです。北見君も含めて。

浦川君の「孤立」は相変わらずで、これではいつ「いじめ」が再開されるかわかりません。

中井久夫博士は、大人がなすべきいじめ救済として、まず被害者の「孤立感の解消」を挙げています。

これをなすべきは、むろん大人に限らない。同級生ならばなおよいでしょう。

コペル君は、じつは、こちらをしっかり実践しているのです。

浦川君が数日欠席したとき、彼には見舞いにゆく友達がいないと気づいたコペル君は、フットボールやらないかという北見君の誘いを断り、ひとり浦川君の豆腐屋を訪ねるのでした。

行ってみると、浦川君はじつは病気ではなかった。

寝こんだのは唯一の使用人、吉《きち》どんで、その労働力を埋めて店を回転させるためには、浦川君が学校を休んで働く必要があったのです。

運動が苦手で勉強中は居眠りをし、皆に嘲笑されていたスクールカースト最下位の少年はそこにはいなかった。コペル君が豆腐屋で見たのは、大きな油鍋でてきぱきと油揚を調理してゆく、若き熟練労働者でした。

浦川君に対するコペル君の敬遠は、畏敬へと変わります。

を持ち始めます。
コペル君は、その畏敬を以前からの親友水谷君へ話し、それによって水谷君も浦川君に好意

正月、コペル君は、水谷君に遊びにこいよと誘われますが、浦川君と北見君も招かれていました。

大財閥当主、水谷家の豪邸にです。そして、あの「五、ナポレオンと四人の少年」の章が始まるのです。

浦川君は、もう孤立してはいませんね。

小林よしのり先生のいう「場面に応じて正義を行うための知恵や手段」を、コペル君が考えなかったわけはない。何もせず言い訳ばかり考えていたわけでもないのです。

北見君のごとき勇敢な緊急突破こそ出来ませんでしたが、コペル君は自分に出来る次段階の支援のほうをしっかり果たしたのでした。

マンガ版にも、コペル君の豆腐屋訪問は描かれます。

しかし、その後の水谷邸への浦川君招待は、まったく省かれてしまっています。

一見、「見て見ぬふり」はいけませんという聞き飽きた建前を語る道徳副読本と変わらなそうな『君たちはどう生きるか』。

しかし、原作が周到に用意したリアルな設定やストーリーを追うと、そこには、「いじめ」

に介入できる北見君を、腕力も体格も人望もある生徒として描いていたり、浦川君「いじめ」の背景にある「孤立化」とその解消という必須の対策もまたしっかり描かれている。

奇妙な名著というのは、こういうことなのです。

コペル君が反省すべきなのは裏切りだけではない

さあ、そうなると、あの「六、雪の日の出来事」とその後の展開も、原作を一歩突っこんで読んでみる必要はないでしょうか。

『君たちはどう生きるか』後半のストーリーでクライマックスとなるあの事件で、コペル君は大きな誤ちを犯します。

いかなる誤ちでしょうか。

それは当然、親友北見君が、上級生から不当なリンチを受けているのを助けなかった。助けなくてはと知りつつ、足がすくんで動けず、結果として、見て見ぬふりをした、逃げだしたも同然だった。

誰もがここが誤ちだというでしょう。

実際、物語は、この裏切りを軸に以後、展開してゆきます。

卑怯な自分を責め、悔恨で死にたくなるほど悩むコペル君。さらに、親友たちに謝罪することからも逃げようとするコペル君。諭すおじさん。ようやく決心して謝罪の手紙を書くコペル君。手紙を読んだ友達との和解……といった具合に。

しかし、それだけでしょうか。

コペル君が真に反省し、同じ誤ちを繰り返さないよう、考えるべきなのは、本当はそこではないのではないか。

先に、「見て見ぬふりをするな」というお説教は、危険だと指摘しました。

その場のノリ、空気に逆らうのは至難の業であり、「いじめ」の次のターゲットとされる可能性も大であると。

雪の日のリンチにおいては、北見君を守ろうと出ていったら、コペル君が無事には済まないのは必至です。

それでも、逃げるなといえるのか。

この場合はいえます。

なぜなら、コペル君の場合、単に見て見ぬふりをしたのではないからです。

コペル君は、浦川君や水谷君と、いざとなったら北見君を守ると固い盟約を結んでいたのです（小林よしのり先生も、「小林よしのりライジングVol.２８４」で、ここを明記しつつコペル君を批判しています）。

そして、浦川君、水谷君は、勇敢にも北見君のまえに立ちはだかって、一緒に暴力を受けたのです。

しかも、マンガ版では、北見君の壁となって上級生から守るという盟約の言い出しっぺは、ほかならぬコペル君でした。

となると、裏切りと敵前逃亡はむろん非難されるべきですが、出来もしない危険な盟約を提案し、締結した件のほうが、よほど非難されるべきではないでしょうか。

マンガ版「6、ナポレオンと4人の少年」では、その舞台は、おじさんの家です。

かつ子さんがまったく登場しないマンガ版では、少年たちは、おじさんの家でおじさんから、ナポレオン譚を聞くのです。

その後、上級生が（マンガ版では、山口が北見君を逆恨みして兄へ言いつけたゆえ）北見君を狙っているという噂が話題となります。

先生に知らせようという水谷君。

逆効果だと却下する北見君。

すると浦川君が、北見君が呼び出されたら皆で一緒についていって、殴るなら僕らを殴れっていえば、まさか本当に殴りはしないと提案するのです。

それでも容赦しなかったらとおじさんが問うと、今度はコペル君が。「そしたら僕が止めるよ」、「ガッチン（北見君）の前で壁になる」と大見得を切ったのでした。

するると、「コペル君がそう言うなら」、「僕も出ないわけにはいかないね」と温厚な水谷君も合流します。

こうして皆は、おじさんを証人として、盟約を結ぶのです。

この提案について、コペル君は、何を反省すべきでしょうか。

まずひとつは、自分の弱さを充分知らないまま、ほとんどノリとかっこつけから、出来もしない盟約を結んだこと。

もうひとつは、その行動の効果をまるで考えず、提案したこと。

壁となって北見君を守ると提案したとき、コペル君は、「止められるかわからないけど……」、「というか……きっと止められないけど……」、「それでも」、壁になると宣言しているのです。

友を実際に守れるのかという「軍事的」「政治的」な次元がここでは抜けおちてしまっている。友のため犠牲になろうという「道徳の次元」だけが、勝ってしまっている。そういう仲間が君にはいるんだと励ますという心理的効果だけとなってしまっている。

コペル君が本当に反省すべきは、この点ではないでしょうか。

親友たちが勇気を出して壁にならなかったら、北見君がやられてしまう。

だが、親友たちが勇気を出して壁となっても、やっぱり北見君はやられてしまう。これでは何にもならないでしょう。

小林よしのり先生は、「ゴーマニズム宣言・第12章」で、自分の弱さを直視し、その弱さを繰りこんで、通り魔への対処法をシミュレートして見せました。

コペル君も、次は勇気を出すと決意するだけでは足りない。

勇気だけあっても、勝てるとは限らないのですから。

いや、軍事的、政治的に周到な準備があって初めて、空元気《から》や蛮勇ではない勇気が発揮できるはずです。

では、もしあの雪の日に勝てるためには、コペル君はいったい何をすればよかったのでしょうか。

明日のために——コペル君(たち)に何ができるか

「軍事の次元」においては、柔道家（原作）である上級生に対抗できるよう、柔道でもその他の格闘技や護身術でも学んで鍛えるとかして、北見君みたいな堂々とした男になるという選択はどうでしょうか。

昭和の少年スポ根マンガならともかく、現実には、雪の日までの短期間で強くなるのはちょっと難しそうです。

北見君が甲子園のエースなど、学校の名誉を背負う全国級選手とかだったら、多少生意気でも上級生は殴りにくいかもしれません。

コペル君なり水谷君なりが、学業成績とか綴り方とか音楽や絵画、創意工夫とかで、全国的な評価を得ていて、学校に嘱望されている生徒であったら、上級生のまえで北見君の「壁」となる意味もだいぶ違ってくるでしょう。

しかし、これらは皆、謝罪の手紙でコペル君が書いた「いつか」「こんど」という卑怯者の名を返上する日までにめざすべき目標ですね。

いずれも短期的にはむずかしい。

「政治の次元」では何かできることがあるでしょうか。

絶対、上級生に頭を下げたくない。殴られてもいいとつっぱる北見君を説得するのはまず無理そうです。

北見君が危なくなったら、他の三人がすぐ先生へ通報できるようにしておく。緊急時、それでは暴力を止めるには間に合わないでしょう。

北見君を狙う横暴な上級生は、上級生を敬わないなど学校の秩序を乱す下級生ゆえ制裁が必要だという大義名分を背負っています（山口のような映画マニアや樋口という文学少年も、軟弱な文化に耽り質実剛健の気風を害するという大義名分から狙われていました）。

先生や学校当局へ諮《はか》って、上級生がそうした勝手な審判を下して、暴力に及んではならぬという通告を出してもらうのは可能でしょうか。

あるいは、黒川ら体育会系の横暴を快く思っていない他の上級生と連絡をとって、暴力支配批判を全学的に盛り上げてゆくとか……。

いろいろ考えられます。

ここで、原作を読んでみましょう。

雪の日のリンチで、北見君たちを裏切ったところは、マンガ版も原作もさほど違いません。

しかし、その遠因となったコペル君の誤ち。

自ら実践できず、実効性もない内容の盟約を提案し、結んだこと。

この部分は、原作とマンガ版とでまったく異なります。

そしてなんと、原作には、「政治の次元」の戦いが、鮮やかに描かれているのです。

元凶はかつ子さん——陶酔する腐女子にはご用心！

まず、原作では、盟約が結ばれるのが、あの水谷邸においてです。

前篇で論じたあのかつ子さんのナポレオン語りが終わった後。

皆は陸上競技やゲームを楽しんだり、本格的なセレブ流のランチをご馳走されたりする。

そして、子ども部屋に戻ったとき、上級生黒川たちの件が話題となったのです。

先生に話そうとの水谷・コペル提案。北見君の却下。ここまではマンガ版と変わりません。

しかし、ここで話に加わった人がいました。

他ならぬあのかつ子さんです。

上級生の横暴を、弟とその友人から知ったこのフランス革命好きな令嬢は、そんな圧政を許せません。

「北見さん、断じて負けちゃあダメよ」と、煽ります。

もっとも当初は、かつ子さんもなんとか暴力沙汰を防ごうという弟水谷君に賛成でした。

ところが、「僕、誰がなんてったって、(横暴な上級生に)降参しやしないよ」、「僕、殴られたっていいよ。(中略)噂を聞いただけで、こわがったなんて思われるの、僕、いやだ」と剛直一本で頑張る軍人の子息北見君へ、浦川君が、合流したのです。

皆で北見君についてゆき、一緒に殴れといえば、殴れないという浦川提案は、マンガ版と同じ。

かつ子さん(マンガ版ではおじさん)が、

「それでも、殴るっていったら?」と問います。

マンガ版ではここでコペル君が見得を切りますが、原作では浦川君自身がこういうのです。

「そうしたら、僕たち、北見君といっしょに殴られるの。仕方がないもの」と。

ここでかつ子さんが俄然、盛り上がってしまいます。

「そうよ。それが一番いいわ。みんなで北見さんを守って、それでもいけなければ、ほんとに仕方がないんだわ。みんなで、北見さんと同じ目に会うばかりだわ。それが英雄的精神よ」。

といった具合に。

彼女は、あらためて北見君を激励したうえ、弟の水谷速夫君にも「しっかりしなけりゃダメよ」とはっぱをかけ、「コペルさんもね」と念を押します。コペル君もうなずくほかありません。

いやはや。歴女とかキャラ萌えとかしちゃう女子って、こういう男の子同士の友情とか鉄の結束とかがほんと好きですよね。

かつ子さん、現在ならば腐女子になって、ナポレオンが攻めでネー元帥が受けのＢＬ本とかきっと作ってますよ。

昭和十二年の東京で、モダンの最先端を生きる彼女は、ポスト高度成長期の消費社会を生きる私たちの同時代人なのです。
＊ついでながら、ランチの席には、背広姿の水谷君のお兄さんが一瞬、登場します。

しかし、コペル君たちが「眼にはいっているのか、いないのか、はじめから終りまでつんとしていて、ひとことも口を利《き》きませんでした」。

北見君が水谷君に「君の兄さんは、どこかへ勤めているの?」と尋ねます。「水谷君の返事によると、まだ大学生で、哲学を勉強しているのだということでした。哲学を勉強すると、中学生なんかと話をする気がなくなるのかも知れません」。

歴女腐女子のはるかな先輩かつ子さんの隣には、コミュ障で引きこもりのインテリ「おたく」もすでに棲息していたのです。

そんなふたりが、日本の財界を担っているらしい水谷家の子息子女なのです。哲学青年は長男かもしれない。売り家と唐様《からよう》で書く三代目……というあれでしょうか。

ちなみに吉野源三郎は、おじさんのような法学士ではありません。東京帝大では、カントなどの哲学を学んでいます。おじさんが作者の理想像だとしたら、この水谷兄は、戯画像もしくは自虐像なのかもしれません。

それにしても、ここでのかつ子さん、みんな私に英雄的精神を見せなさい、殴られて犠牲になる覚悟をなさいと煽っているわけですから、考えてみれば、けっこう凄い。

「あたし、あんたたちと同じ学校でなくって残念だけど」と自身おっしゃる通りであり、もしことが暴力沙汰へ発展して犠牲が出ても、かつ子さんは安全地帯にいるわけですし。もちろん、女の子、しかも財閥令嬢だという特権的位置にもいる。

当事者の北見君はさすがに、自分のつっぱりが、親友三人に犠牲を強いる展開となりつつあるのに気づいて、「しきりに辞退」するのですが、かつ子さんが盛り上げるだけ盛り上げてしまった空気にはもう誰も逆らえません。

みんなは北見君にそんなこと気にしないでいいと断言し、かつ子さんは、「じゃあ、そう決めたッと――」と結論づけて、全員で指切りの誓約をしてしまうのです。

丸山眞男は、前篇で触れたように、作中でのかつ子さんの位置づけがよくわからなかったと告白しています（岩波文庫版『君たちはどう生きるか』解説「『君たちはどう生きるか』をめぐる回想」）。

しかしそれに続けて、プロレタリア文学者（後に転向）島木健作の小説を引用しつつ、「突飛な連想」として、当時リアルに存在していた、かつ子さんのような「進歩的ブルジョワ娘」の記憶、当時の非合法の共産主義運動やその周辺で、知的な美人の女性活動家が「女王」のように君臨し、高飛車な上から目線で、男子たちを叱りとばしていた思い出を語るのです。

丸山眞男は、いざとなるととても守れない危険な盟約へとコペル君を押しやったのが、かつ子さんだったのを読み落とさなかったのでしょう。

そうです。

原作のコペル君は、マンガ版ほど調子にのっていません。彼はいざとなったときに暴力を甘んじてうけられるほど自分が強くはないかもと、内心考えていたのではないか。

しかし、北見君のつっぱりと浦川君の自己犠牲が醸し出した空気、そして何よりもかつ子さんの美しき煽動にはとても逆らえなかった。

コペル君は結局、煽られひきずられていったのです。

＊考えてみると、この一件は、『君たちはどう生きるか』全体のなかでけっこう重大です。

埼玉県のある中学校校長は、二〇一七年二学期終業式式辞においてこの本に触れ、「大勢に流されず、強いものにひるまず、自分の頭で考える」と著者のいわんとするところを要約したそうです（2017年10月6日付東京新聞夕刊）。

佐藤卓己教授も、「主体として能動的に生きてゆくことの重要さだ」（2017年12月6日付朝日新聞朝刊）とか、「『自主的に考える』とはどういうことか。その問いがこの本にはある」（2017年11月10日付毎日新聞）などと、著者の主張をまとめています。

「二、勇ましき友」に付せられたおじさんのノート、「真実の経験について」を読む限り、その通りといってよい。

しかし、そう教えられていたコペル君は、物語中でもっとも重要な盟約を、かつ子さんの煽動と、場の盛り上がりに流されて決していた。

自分の頭で考えて自主的に能動的に生きてゆくのが実際にはどんなにむずかしいか。場の空気、ノリ、盛り上がり、いわゆる同調圧力に抗するのがいかに困難かというリアルな認識。

「おじさんのノート」に代表されるような表のメッセージに水をさしかねないそんな裏メッセージを、吉野源三郎はしっかり仕込んでいたのです。

『君たちはどう生きるか』の一筋縄ではゆかない魅力はこんなところにあるのではないか。盟約を結ばされてしまったコペル君に、たとえば、ポピュリズムへの警告を読むのもまた一興でしょう。

いわゆる同調圧力の問題、その場の空気、ノリ、盛り上がりに逆らうのがいかに至難の業か。

これはじつは、『君たちはどう生きるか』のサブ・テーマかもしれません。

あの「六、雪の日の出来事」で、コペル君は盟約を裏切り、リンチにされる親友たちを傍観していました。

コペル君以上にお坊ちゃんそだちで少女のようにおとなしく、盟約参加もやはりかつ子姉さんに煽られたゆえだったと思われる水谷君さえ、浦川君に次いで北見君の壁となったのに。

これはなぜか。

コペル君が並外れてへたれだったから。

それもあるでしょうが、それだけでしょうか。

ここで独自の解釈を試みたのが、上原隆先生の『君たちはどう生きるかの哲学』です。上原先生は、鶴見俊輔の文章を参考に、こういうときには、「肉体の反射」が日頃から身についているかが、行動を左右すると説くのです。人間の行動は、思想や覚悟や勇気といった精神的なものでは決定されない。不意の窮地が到来した際、とっさに動けるか否かは、身体的に血肉化している態度、反射があるかどうかで決まるのだと。

そして、軍人の父に日々鍛えられている北見君、貧しい豆腐屋の荒々しい生活を知っている浦川君、上流すぎて家庭で温かい会話もない水谷君らは、とげとげしい現場をとうに知っていたが、コペル君だけは、やさしい母とおじさんとばあやに囲まれ、そうした現場は初体験だった。上原先生はそう解いてみせるのです。

唸らされる卓見だと思われます。しかし、です。北見君、浦川君はともかく、水谷君はどうでしょうか。ちょっと解釈に無理はないだろうか。

私はここで、場の空気が原因という別の解釈を考えてみました。

北見君が、上級生たちにつかまり、殴られんとする直前、コペル君たちは雪合戦に興じていたのです。雪玉を投げながら追いかける北見君・水谷君連合と、迎撃しつつ巧みに逃げ回るコペル君（彼の脳内設定では、オーストリア・ロシア連合対ナポレオン）とのあいだには距離が出来ていました。

ふと我に返ったコペル君がふりかえって追っ手を探すと、彼らは上級生につかまっていた。

そう。このとき、水谷君は北見君の間近にいたのです。その場の空気は彼らにとってひとつであり、北見君が脅された怯えも殴られる痛みも、水谷君にはわがものと感じられたでしょう。それゆえとっさに北見君と上級生のあいだに割りこんで行けたのです。

しかし、コペル君と彼らには距離がありました。空気を共有するというにはやや遠い距離が。ゆえに彼が名乗りでてゆくには、相当な勇気や覚悟や良心が必要でした。コペル君にはそれは足りなかったのです。

それでは、三人の遊びには加わっていなかった浦川君が、まっさきにとびだしてきて、北見君を守ろうとしたのはなぜでしょうか。

上原隆先生が指摘したように修羅場慣れした性格ゆえでしょうか。

さらには、「二、勇ましき友」で、「いじめ」へ介入してくれた北見君への恩返しという意識もあったかもしれません。

そもそも、かつ子さんのサロンで、上級生が北見君を制裁しようとしている件が話題となったときも、まっさきに体を張って北見君を守ろうといいだしたのは、浦川君でしたね。

これについても私は、また別の解釈を考えています。

「道徳的劣等感は、ふしぎなことにいじめられっ子のほうが持っていじめっ子は持たないものである」

と。

これは、あの『いじめの政治学』で、中井久夫博士が説くところです。

「子どもは、大人が「だれかにいじめられているのではないか」と尋ねると、激しく否定し、しばしば怒りだす」。

これらいじめられっ子の奇妙な態度は、常習的いじめによって心をずたずたにされてしまった彼らが、最後のプライドを必死に保とうとしている姿にほかならないでしょう。

「いじめ」の被害者が陥ってゆく痛ましい心理的防衛機制はまだあります。

自分にどこか悪いところがあるからいじめられるのでは、と思いこもうとする合理化。

本当はいじめられてなどいない、こっちが悪ふざけにつきあってやってるんだと思いこもうとする悲しい精神的勝利法。

これらのもっとも痛ましい形態として、児童相談所スタッフがやさしく事態を問うても、父母を決して非難せず、父さんも母さんも大好きです、悪いのはわたしです、ごめんなさい、許して許してとだけ繰り返して殺されてゆく虐待の幼い犠牲者たちがいます。

「二、勇ましき友」で、エスカレートする「いじめ」を見るに見かねた正義漢北見君が、ついに山口を殴り、床へねじふせて成敗しようとしたとき、「ね、後生だ。もう、ゆるしてやっておくれよ」と、懸命に止めたのは、ほかならぬ被害者、浦川君でした。

これもまた、いじめられっぱなしで、自力では撥ね返せなかったみじめさに耐えきれない浦川君が、最後のプライドを繕おうとする哀しい姿だと考えれば、「よくわかる」でしょう。

この章につけられた「おじさんのノート」では、浦川君の「寛大な、やさしい心」がたたえられているだけで、こうした「いじめ」被害者の心理的メカニズムへの言及はありません。

村瀬学先生は『異論あり』で、浦川君を仏様のごとく寛大な性格に描いたところにリアリティがないとし、作者吉野の意図を批判しています。

しかし、「いじめ」被害者の心理をわが事として知る者には、加害者の肩を持つごとき浦川君の反応にはありあまるリアリティが感じられるのです。

いじめられっ子は「最後の誇りとして家族の前では「いい子」でありつづけようとする場合が多い」。これも中井博士の『いじめの政治学』からの引用です。そしてこれは、家族のまえだけとは限らないでしょう。

自分のほうが悪いのではと思いこむスキーマ（感じ方の定型）が出来上がってしまった「いじめ」の被害者は、加害者をかばうのみならず、過剰なまでに無私なる正義の士としてふるまい、皆の承認を懸命に集めようとするのです。

かつ子さんのサロンで、また、雪の日のリンチの現場で、浦川君が見せた自己犠牲的ふるまいは、これで説明がつくのではないでしょうか。

昭和十二年、「いじめ」被害者の性格をここまで深く造形してみせた吉野源三郎の筆力には驚嘆するほかありません。

旧制中学時代、「いじめ」の加害者も被害者も体験したという（「世界一受けたい授業」2018年1月24日放映分の長男吉野源太郎インタビューより）吉野源三郎は、「いじめ」をめぐる心理の裏も表も知り尽くしていたのでしょうか。

かつ子さんがもたらした政治的勝利――女ナポレオンのリアリズム

「英雄的精神」というスローガンで煽って少年たちを危険な前線へ押しやったかつ子さん……。しかし丸山眞男は、かつ子さんを、島木健作の小説に登場する女党員よりも「はるかに上質」だと断ってもいます。

その通りでした。

じつはかつ子さんは、マンガ版のコペル君よりもはるかに賢く、小林よしのり先生のいう「正義を行うための知恵や手段」までをしっかり考えたうえで、少年たちを煽動していたのです。

彼女は、皆で北見君と同じ目に会いましょうと煽りつつ、

「あたしも、そのときには、あんたたちに加勢するわ。うちのお父さんを学校にいかせて、談

判させてやるわ。お父さんが行かなかったらお母さん、お母さんがもし行かないようだったら、あたし自分であんたたちの学校に出かけてゆくわ。そして校長先生に話して、その柔術家（横暴な上級生黒川ら）を学校から追い出させてやる」。

はっきりそう約束します。

そして盟約の指切りに際しても、「もしものことがあったら、いま約束しただけのことはきっとするわ」とあらためて誓っているのです。

そして彼女は、その約束を完璧に果たすのでした。

弟も被害をうけた雪の日、かつ子さんは夜遅く帰ってくる父親を寝ず待っていました。そして、明日すぐ学校へ談判へいってくれるよう懇願します。あすは会社の用事があるから明後日だとしぶるこの大財閥当主に対して、モダン娘は一歩も引きません。

とうとう、翌日の談判を承知させてしまいます。

北見君のうちでは、父親が自ら激怒します。上級生をそのままにして済ますなら、そんな学校へ息子をこれ以上、預けておけぬとどなりこみました。

この北見父、予備の陸軍大佐なのです（戦後かなり改訂されたポプラ社刊『君たちはどう生きるか』では、元陸軍大佐となっています）。

浦川君は、零細豆腐屋です。しかし、重い湯鍋を軽々運んでしまう偉丈夫のおかみさんである浦川母は、せがれの学校は金持ちをえこひいきするのかと憤慨して、やはり学校へのりこみます。

「財」、「軍」、「労」という三大圧力団体が束となったこの突きあげ《ロビイング》にあっては、当時、相当な社会的権威があったはずの旧制中等学校の先生たちといえども、問題を捨ておけません。

卒業を前にした上級生を寛大に処置したいのが本音だった学校当局も、重い腰をあげ、事件を徹底調査。学校中がこの話題で持ちきりとなります。

その結果、リンチの当事者、五年生黒川と横禿《よこはげ》は停学三日、彼らに雷同した連中は譴責《けんせき》をくらいました。

そして校長が、全校生徒を講堂に集めて、事情説明の訓辞をするまでに至ったのでした。

かつ子さんの策は、マンガ版コペル君の「きっと止められないけど……」やるなどという自己満足な代物ではなかったのです。

横暴な上級生を懲らしめるという本来の目的から終始、離れていない。

彼らを抑えこむには、学校当局という正統的権力に動いてもらうしかない。その当局を動かすには、力ある大人たちによる圧力行動しかない。

幸い、自分の父には、財閥総帥という財の「力」があり、娘の私は彼に懇願（ロビイング）できる位置にいる。

だったら、やるしかない。

彼女の策は、どこまでもリアリズムで一貫しているのです。

勝敗を超越した戦争の美学に浸るナポレオンに陶酔しているくせに、いや、あるいは、そんな陶酔を知っているからこそ、いま現実を生きるにあたっては、「政治の次元」を直視して手放さない。

セレブの娘に生まれたこの歴女さんは、戦術家、政治家としてのナポレオンも、じつはしっかり研究していたのかもしれません。

かつ子さんはやはり、「はるかに上質」（丸山眞男）だったのです。

マンガ版では、何度もいいましたように、そんなかつ子さんがまったく登場しません。

少年たちを焚きつけたのが彼女であるのも、少年たちの犠牲を無駄にせず、横暴な上級生退治という学校改革へ向けて、彼女が企てた壮大なプロジェクトも。

これらがすべて、ネグレクトされてしまっているのです。
＊『君たちはどう生きるか』は、戦後、一九六〇年（一九五〇年とする資料もありますが、六〇年と考えられます）に東映で映画化されています。全篇五十分ほどの教育映画で、学校などで上映鑑賞されたのでしょう。
しかし、原作の多くのエピソードを巧みに盛りこみ、少なくともマンガ版などよりは、ずっとよい味

が出ている佳作でした。

この映画では、クラス会で問題が取り上げられ、それが他のクラスにも飛び火して、下級生皆が、クラス決議で臨時全校集会開催を決定、そこで上級生の処分が学校へ要請されるとなっています。映画版の舞台は当然、新制中学であり、コペル君たちは二年生という設定ですから、上級生との歳の差は一歳しかない（原作では旧制中学二年のコペル君たちと三歳の差）。それなら、クラス会決議の突き上げでも追い詰められるかもしれません。

戦後十五年を経て、北見父元大佐の権威も落ちました。水谷邸も上流ではありますが、超セレブには見えない。水谷財閥はきっとGHQに解体されたのでしょう。

そのせいか、かつ子さんがちょっと残念です。昭和三十年代にあってはちょっとエキゾティックな美少女なのかもしれませんが、コペル君たちを翻弄する超セレブお嬢さまの魔性はまったく感じられない、ただ活発でボーイッシュなだけの女の子になっていました。

なんとなく肩すかし――友達は、本当にコペル君を許したのか

マンガ版の「雪の日の出来事」をめぐる物語では、コペル君が、北見君たちに謝罪の手紙を書き、思い切って登校し、北見君たち四人に迎えられる。

あらためて裏切りを謝罪するコペル君に向かい北見君は、「そりゃあはじめは「もう絶交

だ」って気持ちになったけど……」、「でもコペル君がいない学校はやっぱりつまらないんだ」とすべてをあっさりと許すのです。

横暴な上級生たちがどうなったのかなどには一切言及されません。

みんな無事、仲直りできてめでたしめでたし。

そこで、ジ・エンド（おじさんが、「ノート」を基に、『君たちはどう生きるか』を執筆する決意をしたエピソードが最後に加えられます）。

小林よしのり先生が、「なんじゃこりゃ？」、「これは、いざという時に、必ず逃げる男を、どう正当化するかという話だ！」と呆れかえって憤慨するのも無理はない結末です。

しかし、こんな仲直りで、コペル君自身、本当に納得できたのでしょうか。

死んだほうがましだとまで思い詰めたコペル君ですよ。

絶交されずに済んで、おおいにほっとしたでしょうが、同時にまたかなりの肩すかしをも感じたのではないでしょうか。

もし、北見君たちが、コペル君の手紙を真正面から受け止めて答えたならば、たとえばこんな言葉となるのではないか。

こんな奴、絶交だと思っていた。けれど、手紙を読んで、真剣に反省しあやまる誠実さには打たれた。だからといって、君が一度、僕たちをひどく裏切った事実は消えない。僕たちもそれを簡単に忘れるわけにもゆかない。けれど、いまは、次までには変わるという君を信じることにした。

こうでしょう。

「コペル君がいない学校は……」云々は、その後「それにさ、」とかに続けて加えるセリフでしょう。情状酌量、執行猶予として。

しかし、北見君は、なんともあっさりとコペル君を許してしまう。

裏切り問題をしっかり考えるよりも、楽しい仲間がいる学校というこれまでの「空気」にひびがはいるのを恐れるかのように。

何であれ、なあなあで波風立てずに収めようとする現代日本の私たちそのものみたいです。

まあ、それだけリアルだともいえますが。

＊一九六〇年製作の例の映画では、おじさんとお母さんに諭されたコペル君が北見君たちへ謝罪の手紙を書こうとしていた本田家へ、浦川君のお母さんが訪れます。そして、雪の日以降の、学校での大騒ぎを伝えます。それを知ったコペル君は、手紙をやめて直接みんなにあやまろうと決心するのです。そして、学校への大通りを堂々歩いてゆくシーンに、「君たちはどう生きるか？」というおじさんのナレーションがかぶって、全篇が終わります。

道徳の教材として考えた場合、けっこう巧みな脚色だといえないでしょうか。

原作では、ここはどうなっているでしょう。

こちらでも、北見君たちは、コペル君をあっさり許します。

この点についての小林先生の憤慨は、原作を読んでも変わらないでしょう。

しかし、マンガ版と違って、親友たちの許しはどこか異様です。

肩すかしがもう、半端ではないのです。

原作では、「八、凱旋」の章で、手紙の返事をじりじり待つコペル君宅へ、北見、水谷、浦川の三君が突然、見舞いに訪れます。

皆に見舞いの言葉を掛けられただけで、すっかりほっとしてしまうコペル君に、北見君はこういいます。

「あんなこと、君、いいんだよ。僕たち、もう、なんとも思ってやしないよ」と。

水谷君も、「ほんとに気にしないでいいんだぜ。あんなに気にされると、僕たち、こまっちまう」と。浦川君は「それよりか、僕たち、見舞いの手紙もあげないで、すまないと思ってたんだよ」と、口々に答えたのです。

こちらには、マンガ版で北見君がいう「そりゃあはじめは「もう絶交だ」って気持ちになったけど」すら、ありません。

これでコペル君は、安心できるのでしょうか。

死ぬほど悩んだすべてが、「あんなこと」として片づけられてしまったのですよ？

これは、小林よしのり先生を憤慨させた、裏切った卑怯者をあっさり許してしまう甘さ、安易さとかとも、ちょっと違うのではないか。

それでは、親友たちのこの反応を、どう解釈したらよいのでしょうか。

「でも、僕……」とうなだれるコペル君の気持ちをかき消すかのように、彼ら三人は、「僕たち、あれから大騒ぎだったのさ」、「実際、大騒ぎだったんだよ」と興奮しながら、かつ子さんの奮闘に始まる激動の二週間を口々に物語ったのです。

彼らがコペル君宅へやってきたのは、手紙への返礼、病気の見舞いを借りて、じつは、体験した血沸き肉躍る学校騒動を伝えたくてたまらなかったからではなかったか。

北見君、水谷君、浦川君の三人は、生まれて初めて、「政治の次元」で物事が動いてゆく事態を、ごく身近に体験したのでした。

この、ミドルティーンの男の子好みの、スケールの大きい政治的興奮のまえでは、コペル君ががうじうじ思い詰めた「モラルの面」、「道徳の次元」の問題など、なんともちっぽけでたちまち吹っ飛んでしまう「あんなこと」に思えたのではないか。

これではコペル君は、甘やかされるどころか、親友たちにとって自分はその程度だったのか、ひどい裏切りをしても、真剣に怒るほどの対象ですらないのかと、愕然として、へこみ、沈むのではないでしょうか。

ところが、コペル君の苦悩と謝罪を、正面から受け止めてくれた人がたったひとりおりました。

政治責任を果たすかつ子さん――コペル君、恩赦を賜わる

それは、ほかならぬかつ子さんです。

コペル君の手紙を弟から見せられたかつ子さんは、丁重な返事を弟に託します。

水谷君から手紙を渡されて、すぐに封を切るコペル君。

その内容は簡潔ながら、コペル君の悔恨と苦悩と決意をまっすぐ受け止めてくれる内容でした。

「正直にいいますと、私、あなたがあのときみんなといっしょにならなかったと聞いて、最初はかなりふんがいいたしました。あれほどお約束したのにと思いました」。

コペル君の裏切りを忘れず、受け止めています。マンガ版の北見君と同様に、憤慨をちゃんと表明しています。

しかし、コペル君が北見君へ宛てた謝罪の手紙を読んで、

「私は、もうそんなことを考えませんでした。私、読みながら涙が出て来ました」。

「どうぞ、あのことのために、あなたと弟とのおつきあいが、少しでも気まずくなるようなことがございませんように、(中略) 弟に代って、私からもおねがいいたします」。

かつ子さんが、手紙を読んでどう考え、なぜ涙が出てきたのか。残念ながらそこまでは書かれていません。

しかし、マンガ版の「コペル君がいない学校はやっぱりつまらない」とか、原作の「あんなこと、君、いいんだよ」のような甘やかした許しや、意想外の肩すかしでないのはたしかでしょう。

手紙の内容をしっかり読んで、それを受け止めたからこそ、心を動かされ、許すのだというメッセージが読み取れます。

コペル君の悩みは、手紙など苦手ながさつ男子北見君には「あんなこと」だったけれど、年上のお姉さまかつ子さんには「あのこと」なのです。

手紙の署名は、下の名前だけ。ただ「かつ子」でした。

なぜ、かつ子さんだけは、わかってくれたのでしょうか。

コペル君を愛していたから?

いやいや、さすがにそこまでではないでしょう。いぢると楽しい年下の男の子として意識はしていても。

おそらくかつ子さんには、大衆煽動者《アジテーター》としての「政治責任」の自覚があったのだと考えられます。

父親にロビイングさせて学校当局を動かし、上級生を追い詰め、学校を変えるという壮大な戦略は成功しましたが、その策が、暴力をふるわれた弟とその友人の犠牲のうえに立ったものだったという残念な面を、かつ子さんはおそらく忘れていなかった。

少年たちの無謀なつっぱりを「英雄的精神」と持ち上げて、危険な前線への出陣をけしかけたのが他ならぬ自分だったのを忘れていなかった。

そして、巻きこんでしまったもうひとりの犠牲者についても彼女は忘れてはいなかった。

すなわち、コペル君です。

無理な約束を結ばされてしまい、結果的に己のへたれぶりを自他へ晒し、死ぬほどの自己嫌悪へ陥《おとし》れられたコペル君。

その原因の一端は、少なくともこのあたしにある。

かつ子さんは、その自覚のうえで、コペル君を許したのではないでしょうか。へたれぶりはがっかりだったけれど、貴官に向かない任務へ配属させた私の失策があった。

それゆえ、貴官の敵前逃亡罪に関して特に恩赦を賜う。

かつ子さんの許しは、具体的です。「これからも長く弟の友だちとしておつきあい下さるように」という内容があります。

次の機会での貴官の勲功を期待する。奮闘奮励努力を怠るな。

かつ子・ボナパルト女帝はかく宣《のたま》ったわけでした。

そんなかつ子さんの手紙を、その場で読んだコペル君は、皆と同行してかつ子さんにも家へ来てもらおうと提案します。

そして、待ち合わせ場所（目白駅？）からコペル君宅へ向かう自動車内で、かつ子さんは、前篇の初めで触れた、あの衝撃のセリフをコペル君へささやくのです。

「あの手紙、」お母さんには「見せちゃいけなくってよ」。「ダメよ。あれは、コペルさんへあげた手紙で、お母さんへあげたんじゃないわ」というあれですね。

この章は、「八、凱旋」と題されています。

タクシーでかつ子さんと並んで座り、自宅へ向かうコペル君が、「なんだかひと戦争すませて凱旋してゆくような気持でした」というところからつけたのでしょう。

雪の日、友を裏切ってしまったコペル君。あのとき彼は、臆病な自分に完敗しました。

しかし、それをいさぎよくあやまるという次の試練でリベンジしようとしたコペル君。

そんな敗者復活戦では、彼はなんとか自分に克《か》てた。

それを証することが出来るのは、親友たちの許しではないのです。適さぬ前線へ彼を配属した上官、凜々《りり》しき女帝ナポレオンからの恩赦状、かつ子さんの手紙でなくては……だったのでした。

だから凱旋なのであり、コペル君夢の凱旋パレードは、かつ子さんと並んで自動車に乗って……だったのです。

かつ子さんはやはり、丸山眞男が、「はるかに上質」というだけある進歩的ブルジョワ娘だったといえましょう。

しかし、マンガ版では、こうした背景やエピソードが、かつ子さんごとすっかり削除されているのです。

噛みあわないコペル君のモラルとかつ子さんのリアリズム

もっとも、これだけで「凱旋」とまでかっこつけてしまっては、やっぱり、小林よしのり先生に、甘すぎると呆れられても仕方ないでしょう。

本当の「凱旋」は、次に行動を迫られたとき、コペル君が、反省が口先だけではなかったことを、実践で証してこそ……のはずです。

では——

裏読みをしても、『君たちはどう生きるか』にやはり残るこの弱さは、いったい何ゆえなのでしょうか。

これを考えるために、『君たちはどう生きるか』全体に窺える奇妙な二重性へ光をあててみましょう。

「二、勇ましき友」で、「いじめ」への介入について、「見て見ぬふりはやめよう」式お説教（表）を超えたリアリズム（裏）を北見君の腕力という属性で暗に語っていた吉野源三郎。

「五、ナポレオンと四人の少年」で、「自分で考えて決める」大切さを説きながら（表）、それがいかに難しいかというリアリズム（裏）を、かつ子さんに煽られて盟約を結ぶコペル君のエピソードで示唆する吉野源三郎。

同じように「六、雪の日の出来事」以降の展開にも、二重性があります。

コペル君の裏切り、悔恨と苦悩、謝罪という「モラルの面」、「道徳の次元」に関わる物語。

かつ子さんの煽動と必死のロビイングが財閥当主を動かし、学校当局を動かして、横暴な上級生を処罰へ追いこむ「リアリズム」、「政治の次元」の物語。

奇妙なのは、この二つの次元が、噛みあいそうで噛みあわないところです。

コペル君の裏切りは、北見君たちとの関係では、つまり「道徳の次元」では、一生絶交されるかもしれない大問題です。

しかし、「軍事の次元」ではどうでしょう。たとえあのとき、コペル君が水谷、浦川両君と団結して北見君の「壁」となったとしても、戦力強化となったとは思えません。ともに暴力をふるわれて倒されるだけです。

横暴な上級生に対する戦力としては、どちらでも変わりはなかったはずです。

「政治の次元」ではどうか。コペル君もやられて犠牲者が四人となったならば、学校はより重大視してくれたでしょうか。

それも疑問です。

水谷父の財閥当主、北見父の陸軍大佐、浦川母の豆腐屋のおかみさんという迫力に対して、コペル君の家には、品のいい銀行重役未亡人と無職のインテリおじさん……。

あまり頼りになる加勢とは思えません。

つまり、コペル君の参加不参加に関する効果について、まるで検討がされていないのです。

コペル君の裏切りゆえに北見君らが犠牲になったとか、裏切らなければ犠牲が出なかったとか、そういう話にはなってゆかないのです。

ようするに、モラルがリアリズムへ接続してゆかない。

歯車が、嚙みあってゆかないのです。

モラルが、終始リアリズムとは遊離したところで空回りしている。

先に考えた、コペル君たちが腕力的に強くなるとか、上級生も手出しできない学校のスターとなるとか、先生や他の上級生を味方につけるとかいった方向の模索をもまた、封じられてしまっている。

要するに、コペル君の裏切りや悩みがみな、「あんなこと」となってしまうさらなる高みで、いわばうじうじひとり相撲をとっていたコペル君の頭越しで、政治的事態が進行してゆき、学校をゆるがす解決がもたらされてしまうのです。

コペル君はどこか、置いてきぼりにされてしまったようにすら感じられないでしょうか。じつは、この構図から連想される歴史的状況があります。

戦前の非合法共産主義運動弾圧と知識人たちをめぐる状況です。

本当にあった「雪の日の出来事」――三・一五共産党大弾圧

戦前、治安維持法の下、マルクスの共産主義実現を標榜する共産党は非合法とされ、昭和初期から、過酷な弾圧を受けていました。

ソ連の指令をうけて天皇制打倒、資本主義を廃する革命を企てる危険なテロ集団とみなされていたのです。

特に、「蟹工船」で知られる作家小林多喜二が小説にした「一九二八年三月十五日」の大弾圧は有名です。警察が全国一斉検挙を決行し、非合法の共産党員をはじめ、共産党の影響が及んでいたと見られる社会主義的政党や労働組合、左翼系出版社などを捜査、千数百人が検挙され四百八十三人が起訴、治安維持法により収監された三十名余が、拷問を伴う厳しい訊問に晒された事件です。

『君たちはどう生きるか』が刊行されるほぼ十年まえの事件でした。

多喜二の小説によれば、その日、道には凍った雪が残り、帝都は厳しい冷えこみのなかで眠っていました。

すなわち、「雪の日の出来事」だったのです。

これは当時の若手知識人たちにとっては、他人事《ひとごと》ではありませんでした。

当時、前篇でも述べたように、マルクス主義、共産主義は、知識人たちにとって最新の流行思想です。

西田幾多郎、三木清のような哲学者すら、相当、意識していた。影響を受けた歌舞伎役者たちが、前進座を結成したりもしました。

『共産党宣言』などは発禁でしたが、多くの関連書は発行が許され、世界最初のマルクスとエンゲルスの全集が、二種類も出ています。社会主義の政党や活動家を支援する知識人も少なくなかった。そのなかでも急進的だった日本共産党は、非合法である分、もっとも畏敬されていました。

ところが、三・一五弾圧以降、翌年の四・一六事件など過酷な大弾圧が毎年のように続けられます。

吉野源三郎自身も、この頃、マルクス主義へ接近し、共産党員を匿った容疑で治安維持法により逮捕されています。一年半留置され、執行猶予付き有罪で釈放。

この時期、共産党の大物幹部の逮捕も相次ぎ、拷問で虐殺されたり、獄死したりする者も出てきます。小林多喜二が逮捕され、虐殺されたのは、一九三三年二月（これまた「雪の日の出来事」と同じ季節）でした。

その直後、逮捕され獄中にいた共産党大物幹部が転向を発表し釈放されます。共産主義は間違っているとわかったから以後、活動は一切止めるという声明です。

これをきっかけに、共産党員やその支持者だった多くの知識人が一斉に転向を始めたのです。

『君たちはどう生きるか』が書かれたのは、その四年後でした。

こうした状況のただなかにいた当時の知識人が、『君たちはどう生きるか』をどう読んだか。

たとえ上級生に殴られても、彼らのいいなりにはならないと頑張る剛直な北見君や、北見君が呼び出されたら一緒にゆき、それで殴られても仕方ないと腹をくくる浦川君に、逮捕や拷問や長期の投獄にもびくともしなかった共産党員やその誠実な支持者たちを連想したでしょう。

そして、盟約を誓いながら、北見君らを裏切って逃げたコペル君のへたれぶりを読んで、一緒にマルクスを読み、共産主義の正しさを論じ合い、革命を夢見ていたくせに、弾圧が始まるや否や、沈黙をきめこみ、また雪崩をうったように転向していった多くの知識人（含む自分？）の鏡像を見たはずです。

すでに触れたように、丸山眞男も、この文脈で「雪の日の出来事」を読んでいます。初めて留置場へぶちこまれて涙した「不覚」と、その後、特高や憲兵による何度かの訊問、召喚を受けた思い出を、丸山はあの岩波文庫版解説で、語っていましたよね。

かつ子さんから、共産主義系の学生運動によくいた女王的知的美人を連想したりもしていました。

『君たちはどう生きるか』は当時のインテリたちに、そうした文脈において読まれた本だったのです。

北見君にガンをつけ、映画少年や文学少年をも制裁しようとする体育会系上級生は、当然、特高警察や憲兵を連想させたでしょう。

それでは、学生運動の女王よりも「はるかに上質」なかつ子さんは何にあたるのでしょうか。

かつ子さんの必死のロビイングに応えて、学校へ談判にいってくれた財界大物のお父さんや、北見父の陸軍大佐、浦川君の肝っ玉おっ母などは何にあたるのでしょうか。

これはちょっと、現実に該当する存在がいないのではないか。

当時の日本において、財界も軍も、共産党は最悪の仇敵でしょう。労働者にしても共産党支持者はごくわずかでした。

子どもの喧嘩が最悪の事態を招いたとき、親が、教師（さらには警察）が解決してくれるかたちで正義を勝たせられるのは、学園ドラマだけなのです。

しかし、です。

彼らの突きあげによって重い腰をあげ、横暴な上級生への懲罰を加えてくれた学校当局にあたるのは何か。

何がこれに該当するかは当時の知識人なら皆、思い当たったのではないでしょうか。

敵を懲らしめてくれたのは誰？——吉野源三郎の大予言

吉野源三郎のように、マルクス主義の考え方を身につけた知識人ならば、日本の軍国主義やドイツのナチズムなどは、資本主義の末期症状、一時のあだ花だ、断末魔のあがきだと見ていました。

資本主義の没落と社会主義革命、共産主義社会の実現は、紆余曲折《うよきょくせつ》はあっても、大筋において歴史の必然だと、マルクスやエンゲルスが教えていたからです。

ですから、懲罰を下してくれる学校当局となってくれるのではと期待されたのは、何よりも最初の社会主義国、ソヴィエト連邦だったでしょう。

民主主義の先駆けであり、労働組合も発達したアメリカ、イギリス、フランスなどがそれに次いだでしょうか。

実際、『君たちはどう生きるか』刊行のちょうど前年から始まったスペイン内戦では、ナチス・ドイツとイタリアに支援されたフランコ将軍のファシスト軍による国土制圧攻勢に対して、民主派である人民戦線政府が、ソ連の武器支援と英米仏などからの義勇軍の助力を得て戦っていました。

スペイン人民戦線軍は、一九三八年、負けてしまいます。一九三九年、ナチスはポーランドへ侵攻し第二次大戦が勃発。

その翌年（一九四〇年）、フランスがナチスに降伏。

次の年の十二月、日本はマレー半島、真珠湾を攻撃、大東亜戦争が始まります。

かつ子さんに懇願されて動く大財閥当主の父も、重い腰をあげる学校当局もなく、日本の特高警察や憲兵による弾圧はますます過酷となり、共産主義のみならず、社会主義や民主主義、自由主義、文化全般が取り締まりの対象となってゆきました。

ところが、です。

ヨーロッパのナチス・ドイツは、ソ連の赤軍とアメリカ軍の反攻によって倒されました。

四年間の死闘を経て、日本は連合国軍に敗北します。

進駐してきたアメリカ中心の占領軍は、連合国軍最高司令官総司令部（ＧＨＱ）を東京に置き、軍を解体し、特高警察を廃止しました。

新憲法制定、財閥解体、農地改革、労組育成など、自由主義、民主主義を背景とし、多少は社会主義の色彩すらある戦後改革の一環としてです。

日本共産党も、合法政党とされ、国会議員を輩出するようになりました。

横暴な上級生どもへの懲罰が、最後の審判のごとく下ったのです。

敗戦の八年まえ、それを描いていた『君たちはどう生きるか』はある意味で大予言の書だったのかもしれません。

正しさが証明されたとして、知識人たちに誰よりも、迎えられたのは、まず弾圧の時代に拷問で虐殺された小林多喜二、野呂榮太郎（マルクス経済学者）のような殉教者たちや、一九二八年三月十五日検挙され敗戦まで十八年獄中で生き抜いたり、モスクワや延安（中国共産党の根拠地）へ亡命していた共産党幹部たちです。

信念を曲げなかった彼らに感じる知識人たちの畏敬と後ろめたさは、既述のように戦前からすでにありました。

しかし今度は、戦争の勃発と日本軍国主義の敗北、ソ連など連合国の勝利という彼らの予言通り、歴史が進行していったという事実が、さらにひとつ加わったのです。

共産党員となったり、ならないまでも支持したり、マルクス主義が教える「歴史の必然」はやっぱり正しいと考えるようになった知識人は、昭和初めの大弾圧前にもまして増大しました。

何よりも今度は合法でしたし。

でも、考えてみたらちょっと変です。

おじけづいて足がすくみ、裏切って逃げたコペル君が、北見君や北見君の壁になって暴力に耐えた水谷君や浦川君に後ろめたさをおぼえ、ずっと頭があがらなくなる。

気持ちはよくわかりますが、これはあくまでも、モラルの面、「道徳の次元」での彼らの正しさへの畏敬でしょう。

しかし、だからといって、「軍事の次元」、「政治の次元」でもやはり、彼らが正しかったかどうかとなると、それはまた別の問題ではないか。

北見君をかばったふたりは、北見君が殴られるのを防げなかった。反撃を加えて、倒せたわけでもなかった。

上級生たちが処罰されるよう動いたのは、すなわち政治的判断が正しかったのは、かつ子さんのほうでした。

非転向を貫いて弾圧を耐えぬいた共産党員たちも、北見君や水谷君、浦川君と同じです。

彼らはモラルの面、「道徳の次元」では、なるほど立派でした。副読本に載ってもよいくらいです。

そして日本の軍部支配も、特高も憲兵も、なるほど彼らの予言通りに滅びました。

しかし、彼らが滅ぼしたわけではありません。

彼らはあくまで北見君、水谷君、浦川君であって、かつ子さんではないのです。

棚ぼただった戦後――地政学的幸運を抱きしめて

そうです。

戦後の解放とは、日本の農民や労働者が、彼ら共産主義者を支持して、戦争反対のデモやストライキを決行し、兵士たちもそれに加わって革命を起こし、新しい日本を生みだしたわけではなかったのです。

共産主義者たちは、本で読んだマルクス主義という教えを、獄中や亡命先で、お守りか何かのように後生大事に握りしめて放さなかった。ひたすら念仏やお題目を唱え続けていたようなものです。

それだけだったのです。

かつ子さんのような行動を試みた日本人はいなかったのか。

ソ連のスパイとなって、ゾルゲとともに、日本軍の機密を流した尾崎秀実《ほつみ》などはちょっと近いです。

ナチスの敗北を早め、日本の軍部支配を一日も早く終わらせようと意図していたと考えられますから。

あるいは、共産主義を捨てたふり（偽装転向）をしながら、官僚や軍人、植民地行政官、御用ジャーナリストとして権力の中枢へと潜伏し、変革の機を待とうとしたエリートもいました。

しかし、どちらもほとんど結果を出せなかったし、多くは摘発されてしまいました。

かつ子さんのあの尽力とその行動の成果と比べたら、ほぼ無力だったに等しい。

しかし、ともあれそうして耐えていたら、マルクスやレーニンの教説の通りに日本軍の敗北と進駐軍による解放が棚ぼた式にやってきた。

宋国の農夫が、まじめに働いていると、何もしていないのにウサギが切り株にぶつかって死んだ故事のごとき僥倖《ぎょうこう》……。

耐えていた共産主義者やシンパ（共産主義者のサポーター）にしてみたら、いかなる弾圧を被っても、信仰を捨てず耐えぬいていたら、本当に最後の審判が到来して、神の国へ迎えいれられたようなものだったでしょうか。

しかし、それはあくまでも錯覚。単に、運がよかっただけです。僥倖はどう見ても僥倖にすぎません。

同じように、アメリカ軍に解放されても、たとえば韓国の民衆たちは、朝鮮戦争で冷戦の最前線とされて塗炭の苦しみを味わったのですから。

韓国ではその後数十年、軍事独裁が続き、言論の自由もなく、共産主義も非合法化されていたのです。

進駐軍による日本の解放は、歴史の必然というよりは、地政学的な幸運だったと考えたほうがいい。

このまぐれあたりは、どこか『君たちはどう生きるか』を思わせる、奇妙な嚙みあわなさを残しました。

北見君たちの体を張った戦いと裏切ったコペル君の苦悩。

それらをはるか見下ろすごとき高みで行われた、財界人や陸軍軍人である親たちの政治的圧力による圧勝。

こうした共産党員たちの犠牲と転向知識人たちの苦悩とは無縁なグローバルなところで、米ソのパワーバランスの結果として決定された「解放」。

もっとも、コペル君たちと財界や陸軍による勝利とのあいだにはまだ、かつ子さんによる懸命な仲介がありました。

戦後訪れたリアルな「解放」には、それすらないのです。

結果が出ない闘いを、とにかく懸命に頑張っていた。

そうしたら、全然関係ないところから「解放」が降ってきた。

行動と結果がまったくつながっていないのです。

敵に恐れられるではなく仲間に恥じない闘いを……という転倒

こんな棚ぼた体験は、戦後の左翼・進歩派・革新的・リベラル知識人の戦いを、根本から歪ませました。

恐ろしい敵は滅びていった。

しかし、奴らを倒したのは、弾圧を撥ねのけて闘いぬいた僕らではなかった。

子どもの喧嘩を通報してくれたお姉さんや、とっても偉い親御さんたちが、倒してくれたのだ。

圧倒的な物量を誇るアメリカ軍が解体してくれたのだ。

だったら、次に備えてどうすべきか。

次は自力で勝てるように鍛え直そう……。これしかないのです。

ところが、そうはならなかったのです。

今度こそ、転向しなかったあの共産党員たちのような得意顔《ドヤ》が出来るように、ひたすら節を曲げず、ブレずに生きてゆこう。

社会主義革命という次の最後の審判がやってきた日、「おまえは敵側に媚びていた」「日和《ひよ》っていた」「転向した」などと審判されて糾弾されないように、自分はずっと正しい側にいました（キリッ）と粋がれるように、そっち系の新聞や雑誌や本を読み続け、デモとか集会とかにもなるたけ参加して、アリバイを作っていこう。

こっちだったのです。

こうした傾向は、敗戦まえから既にありました。

コペル君は自分の卑劣な裏切りを死にたいほど悔やみますが、彼が恥じたのは、北見君たち親友のまなざし、殊に雪の日、暴力が過ぎた後、ひとりふり返って裏切者コペル君へ憐みの一瞥をくれた浦川君のまなざしに対してでした。

敵である横暴な上級生に対する己の無力を恥じたわけではありません。

丸山眞男も初めての留置場体験で「不覚」にも涙したとき、深く恥じたのはそれを本物の共産主義者の友人に見られたからでした。

敵である特高警察や憲兵に弱みを見られたゆえ……ではないのです。

敵を恐れるより以上に、内輪から裏切者と見られることをより恐れる傾向。

これは戦後、いよいよひどくなっていったのではないか。

全共闘などと呼ばれる学生運動が盛んだった頃、そのただなかにいたおじいさんたち（編集者などには多かったのです）の思い出話を聞いても、そう感じます。

当時、ヘルメットをかぶり角材の棒を武器に持ち、火炎瓶や投石で機動隊とぶつかった暴力的なデモがしばしばあったわけですが、何年何月の激しい激突では、仲間のあいつがまっさきに突っこんでいったとか、誰それは逮捕されてもびくともしなかったとか、こいつは要領よく逃げたとか、そんな武勇伝で一番盛り上がっているのですから。

公安警察や機動隊を怯えさせたあいつかっけーとか、自民党の政治家やエリート官僚から、ライバル視された誰それすげーではないのです。

このあげくに、共産主義者としての自己改造をなし遂げろと同志へリンチを加え、大切な仲間を次々に殺していった連合赤軍の惨憺が待っていました。お互いの「モラルの面」、「道徳の次元」での完璧さを要求しているうちに（社会学者・北田暁《あきひろ》大東京大学大学院情報学環教授が『そろそろ左派は〈経済〉を語ろう』で用いた表現を借りれば「自省の共同体」化）、それで敵にはたして勝てるのかという「政治の次元」、「軍事の次元」が、いつしか完全にお留守にされていったのです。

一九六〇年の安保改定反対闘争では、国会を十万人ものデモ隊が取り巻き、全国的に反対運動が盛り上がりましたが、安保改定はまったく阻止できなかったし、自民党政権も安泰でした。安倍晋三首相のおじいさん、岸信介首相が辞任しただけです。

しかし、反対運動の人たち（知識人、文化人の大多数が加わっていました）は、かつてない規模の国民的盛り上がりだったというところだけを強調して、民主主義がここまで育ったなどと自画自賛してきました。

すなわち、敵を倒せたかどうかよりも、自分たちが戦いの歴史のなかで何点くらいだったか。こちらばかりだったのです。

内輪における評価がすべてだったのです。

治安維持法とかGHQとか連合赤軍とか安保闘争とか、遠い昔の話ばかりと辟易《へきえき》されるかもしれません。

だが、はたしてそうでしょうか。

目線が敵ではなく、仲間内へまず向かってしまうどうしようもなさは、平成期となっても変わりませんでした。

勝ったと強弁する平成リベラルと、敗北を直視した吉野源三郎

最近の脱原発や安保法制反対の運動においても、デモの規模とかアピールの新しさ（もはや

道徳ですらなく「芸術の次元」ですね）とかを自画自賛はしても、敵にどこまで勝てたのか（「政治の次元」）という肝心のところはうやむやにされがちでした。

そうしないと、じつはずっと負けつづきという不都合な真実と向き合わなくてはなりませんし。

その先、本気で敵に勝つ戦いを始めなくてはなりませんから。

しかし――

ウサギを待っているうちにすっかり怠け癖がついてしまった宋国の農夫にとっては、いまさら鍬とり畑仕事に精出す、すなわち保守党や官僚集団を超えたリアルな政策を編み出したり、どぶ板の活動で支持層をかためていったりはしんどすぎます。

だから、内輪の自画自賛、『阿Q正伝』にいう精神勝利法へ逃げて、引きこもり続けるのを選ぶ。

このあたりは、『「反戦・脱原発リベラル」はなぜ敗北するのか』（ちくま新書）という小著で書きましたので、関心ある方はご参考に。

もっとも、負けは負けだったと率直に認めた人もいました。

敗戦後、十数年、雑誌「世界」編集長をつとめた吉野源三郎。ずっと反戦運動を中心とした左翼、進歩派、革新陣営を率いるリーダーのひとりだった『君たちはどう生きるか』の著者です。吉野は冷徹にこういいます。

「安保のときには、あれだけの大きな民衆の立ち上がりがあった。しかし、それにもかかわらず、これもまた結果は敗北でした。また、非武装の主張について見れば、自衛隊はすでに強力な軍隊として成長している。基地の全面的撤廃も実現されていない。そして、日本の安全保障の問題については、現在も、これに代わるだけの十分な具体的構想が出ていない」。

「我々の主張が具体的な政治のうえでどれだけ実ったか、たしかに問題になります。むしろ、現実には、敗北の連続だったと言えます。このことは、私たちとしては確認しておかなければいけないことでしょうね」。

「雑誌としてどれだけ反響を呼び起こそうとも。これはやはり残念なことで、その残念さを忘れて自画自賛するわけにはいかない」。

これは一九七六年になされた「戦後の三十年と『世界』の三十年」(『人間を信じる』岩波現代文庫所収)というインタビューで読める吉野源三郎その人の発言です。

ここには砲兵少尉ならではの、勝敗という結果がすべてと考えるリアリズムが、たしかに息づいています。『失敗の本質』(戸部良一ほか、中公文庫)などを読むと、実際の旧日本軍にはこれが出来ない軍人があまりに多かったようですが。

「あれだけの大きな民衆の立ち上がり」とか「雑誌として」「どれだけ反響を呼び起こそうと

も」とか、内輪からは最大の評価をえた運動やアピールも、敵にはたいして痛くはない「あんなこと」だったのを直視するクールな視線が……です。

そろそろ、かつて左翼とか進歩派、革新陣営とか呼ばれ、いまではリベラルなどと呼ばれる皆さんは、「あんなこと」は「あんなこと」にすぎないと見切って、『君たちはどう生きるか』に仕込まれた「裏」メッセージを、真剣に受け取るべきではないでしょうか。

マンガ版が完全に削除してしまった、吉野源三郎のこうしたリアリズムからあらためて学ぶべきではないでしょうか。

＊もっとも、率直な敗北判断につづいて、吉野は、政治的敗北は、言論の敗北を意味するものではないという留保を未練がましくもすぐ、続けています。戦後の左翼から今日のリベラルにまで、延々受け継がれてきた精神勝利法へ逃げこむ傾向は吉野にもやはりあったのかもしれません。

「修身」と「社会科学」を統合した新しい道徳教科書を！

岩波文庫版解説で、丸山眞男は、『君たちはどう生きるか』が、そのタイトル通り、「人間いかに生くべきか」という「人間のモラル」（「道徳の次元」）を問うた書であるのと同時に、「社会科学的認識とは何かという問題」をも提起していると総括しています。

丸山は当然、コペル君の裏切り、悔恨と苦悩、謝罪へ至るあの物語を「人間のモラル」を問うた部分と考えています。

そして、コペル君が、一個の粉ミルクの背後にある膨大な人間たちの営みに気づき、それを引き取ったおじさんが「生産関係」を講義する「三、ニュートンの林檎と粉ミルク」の章を、「社会科学的認識とは何か」が問われている箇所としています。丸山が、これは「資本論入門」だと唸ったところです。「経済の次元」ですね。

その通りでしょうが、私はむしろ、横暴な上級生へ正義の懲罰を下し、卒業近い彼らをかばいかねない学校当局を抑えるには、有力者である父親を動かすほかないという「政治の次元」へのかつ子さんのクールさにこそ、社会科学的認識を読み取りました。

人間社会の底に経済的関係があるのを洞察した『資本論』もなるほど社会科学の古典ですが、世の中は「力」が動かし、「力」は「力」でなくては抑えられないと喝破《かっぱ》したマキャベリ『君主論』もホッブズ『リヴァイアサン』もモーゲンソー『国際政治』も、劣らず古典的な名著でしょう。

そして、こちらのほうこそが、「どう生きるか」の問いをいま考えるときに役に立つ、より重要な現実認識ではないのか。

私は、新幹線車中で通り魔をまえに何が出来るかを問うたとき、どこまでも人間心理の現実に即してシミュレーションを試みた小林よしのり先生の姿勢を思いつつ、そう考えるのです。

丸山眞男は、『君たちはどう生きるか』では、社会科学的認識と切り離せないかたちで、人間のモラルが問われているところに注目しています。

たしかに、「四、貧しき友」のおじさんのノート「人間であるからには――貧乏ということについて――」では、浦川君の貧しさを軽蔑してはならないというモラルが、人間の平等とか弱者を憐れめといった抽象的道徳ではなく、生産労働者が世を支えているという『資本論』の認識を背景に説かれています。人間の価値を「生産性」で測る発言をしたとされる女性議員が物議を醸している現在、この問いはあらためて重要です。

しかし、私はやはり、北見君たちの道徳的立派さが、上級生たちの暴力のまえではまったく無力であり、かつ子さんのロビイングを介してようやく、「社会的力」によるリベンジが発動された「八、凱旋」の一件のほうに、社会科学をいかに実践道徳へ橋渡しするかを明かす見事な事例教育を読み取りました。

そこには、社会科学的認識とモラルとが、ときに遊離して嚙みあわない現実が、それでは嚙みあわせるために必要なファクターとは何かという考察とともに提示されているからです。

さて、丸山眞男は、岩波文庫版解説で、「戦後「修身」が「社会科」に統合されたことの、本当の意味」が、『君たちはどう生きるか』に先取りされていると述べています。

道徳が正式の教科とされ、「いじめ」をめぐる教育が混迷している現在、三十数年まえのこの発言が提起するものは大きい。

「修身」とは戦前の道徳教育です。儒教的な親孝行や目上への敬信、国学的な天皇や日本史への崇仰、近代初期の愛国心や立身出世などが教えられ、敗戦後、GHQは、日本軍国主義の温床だとして廃止させたのです。

しかし、道徳教育そのものが廃止させられたのではなかった。丸山が記すように「社会科」へと統合させられたのです。

それはあるいは、単なる便宜的措置だったのかもしれません。

しかし、丸山はあえてそこから意味を汲みとろうとします。

すなわち、社会科学的認識を踏まえた道徳教育の可能性という意味を……です。

現在において、再びこれをめざすとするとどうなるでしょうか。

『君たちはどう生きるか』では、人間のモラルと社会科学的認識が問われていると丸山眞男は指摘した。

ここまでは同感です。しかし、切り離さないかたちで……とまでいえるだろうか。

私は正直、この本において、「道徳の次元」（人間のモラル）という「表」と「政治の次元」（社会科学的認識）という「裏」とが、もうひとつ嚙みあっていないと感じざるをえなかった。

コペル君の裏切り、苦悩（「道徳の次元」）のはるかな頭越しに、かつ子さんのロビイングによる解決（「政治の次元」）が実現され、彼の血を吐き出すような謝罪が、親友たちに素通りされ、肩すかしをくらってしまう場面が、その最たる顕れです。

この「道徳の次元」と「政治の次元」を噛みあわせ、「表」「裏」を文字通り一体化させる。

いま、必要な道徳教育とは、そんな方向をめざすべきものではないでしょうか。『君たちはどう生きるか』では、設定やデテールで暗示されるにとどまる「裏」メッセージを「表」へと引き出し、「表」メッセージとないまぜにして語る道徳教科書が必要なのではないでしょうか。

それは道徳的「すべし」を、それが現実に可能なのか、本当に効果があるのかという裏づけとともに、教え、考えてゆく教科書です。

たとえば、小林よしのり先生が描いたあのシミュレーションのようなものとならざるをえない。

弱者が通り魔に襲われたとき、見て見ぬふりをするな。だがそのために、どうすれば危険を避けつつ守れるか、人間行動の科学や集団心理を参考にシミュレートする準備を怠るな。「すべし」を可能とし、実効あらしめるために、行動経済学や認知理論、神経科学、社会科学の諸知見を実践と結びつけるかたちで具《そな》えておく。

これこそがお題目やお説教に終わらない「道徳教育」ではないか。

しかし現在のリベラル陣営、野党勢力などは、この方向へ向かうどころか、左翼とか進歩派とか革新陣営とかいわれていた時代以来の病弊をこじらせてばかりいるように見えます。敵を倒せるか（「政治の次元」）よりも、仲間内からどう見られるか。裏切り、卑怯、日和見などと後ろ指さされていないか（「道徳の次元」）。そちらばかり気にしていたため、敵を攻撃するにあたっても、「道徳の次元」の非難ばかりしてしまうのです。

＊たとえば二〇一八年の国会で、安倍自公政権は、多数の議席を背景として通したい法案を通し放題。野党やリベラル・メディアはこれを、どう攻撃したか。

民主主義とは、多数が賛成すれば決まりというだけではない。そこに至るまでに賛否両派が充分な論議を尽くす必要があるのだ。それなしで数を頼んだごり押し採決ばかりの安倍政権は、民主主義を崩壊させている。

文書改竄をたいした問題と見なさぬ政権、疑惑追及が進むとみずからの発言を裏切ってばかりの首相、民主主義の基盤をないがしろにしているし、不誠実極まる。

災害接近のさなかに宴会や外遊をやっていて不謹慎だ。性的少数者を否定するに等しい発言をするなど、人間の尊厳をないがしろにしている。

などなどと……。

なるほど。これらはすべて、筋が通ってはいます。

民主主義の根本は熟議である。数がすべてでは決してない。そういう民主主義観はあります、学界やジャーナリズムでは主流かもしれない。

しかし、別の解釈、民主主義とは数が勝つシステムだ。多数派となることが何より至上だ。そういう解釈もあります。政府与党はたいがいこちらの解釈で考えています、

改竄されない文書は、国民の判断資料を保障するためであり、民主主義を支えるインフラだ。政治において言葉をひるがえさない誠実さは基本中の基本である。

これらも学者やジャーナリストのあいだでは常識かもしれない。

しかし、文書の正確さとか、答弁などでの表現とかは、政治において枝葉の問題であり、いちいちこだわっていると無用の混乱と停滞を増すばかりだという考え方もある。政権与党や多くの官僚はそう考えています。

災害対策が急務のときは宴会など自粛したほうがいいし、政治の目的は人間の尊厳を守ることだ。

これらも珍しくない考えかもしれない。

しかし、イメージが多少悪くなっても総裁選へ向けた政治的結束のためには宴会も重要だし、人間の尊厳などを慮《おもんぱか》っていては何もできないごたごた対処が政治だし、性的少数者なんか知らないよという有権者が圧倒的多数なんだという認識に立つ人々もいる。

政権与党はそうでしょう。

その支持層である国民の大多数もそうでしょう。

ようするにまるで別の道徳観に立っている者へ、こちら側の道徳を規準とする非難を投げかけても、のれんに腕押し、柳に風でぬかに釘、豆腐にかすがい、馬の耳に念仏、カエルの面に水なのです。

興味深い例があります。

日本ではなく、韓国の話題です。

二〇一七年秋頃から、#MeToo《ミートゥー》運動が話題となっています。

ハリウッドあたりを起点として、力関係が上位にある男性からセクハラを受けた女性たちが、泣き寝入りを止めてSNSなどで体験を語り、告発してゆこうとする動きが各国へ広がりました。

その韓国での展開を、たとえば、2018年3月10日付産経新聞の黒田勝弘記者のコラムが、報告しています。

それによると、韓国の#MeToo告発は、政治家を中心に芸能界の大物や作家に及んでいるが、狙われたのは皆、文在寅大統領を支える与党「共に民主党」系のリベラル派進歩派ばかりだと報じました。

文春オンライン（2018年3月9日）にも同様の記事が出ています。

どちらも偶然のように報じていましたが、その背景まで掘り下げて報じたのが、2018年4月12日付朝日新聞朝刊の記事です。

いわく、リベラル派進歩派は、人権重視の理念を掲げているため、告発してももみ消される可能性が少ないから、ターゲットにされやすいというのです。

すなわち、セクハラは悪いという道徳観を共有している相手ならば、その後ろめたさへつけこめるというのでしょう。恥を知る相手だからこそ、恥じいらせられるのです。

そんな現状をもっとも喜んでいるのは、現在、野党となっている保守陣営らしい。それはそうでしょうね。

政敵である「共に民主党」の大物はじめ、手強い進歩リベラルの政治家が次々と#MeTooの突きあげにより潰れてゆく。笑いがとまりませんね。

本来、進歩派リベラル陣営だったはずの#MeToo運動の人たちは、攻撃しやすい進歩リベラルの男たちを嬉々として槍玉にあげた結果、彼女らを支えるはずの政治基盤を自ら掘り崩してしまっているらしい。

そして、セクハラのどこが悪いとうそぶきそうな保守系おやじ政治家という真の敵は、どうせ効果ないからと初めから標的にはされないため依然、高枕のまま。

道徳観が異なるとは、こちらが感じる恥を恥だと知らないということでしょう。

そんな恥知らずを恥じいらせるのはそもそも不可能なのです。

いじめを止めさせるための道徳教育として、「命の尊さ」を学ばせるといった茶番も、道徳観念が異なる相手へこちらの道徳を説いて、逆効果を招いている例ですね。

「命は尊い」のだから誰かを自殺に追いこむような「いじめ」は止めようというのは、あらかじめ「いじめ」はよくない、自殺をなくそうというところで思考停止している仲間内同士でしか通じない論理です。

また、「命の尊さ」を教えられているからこそ、自殺までゆけば皆もさすがに僕の苦しさをわかってくれるかもしれないと一縷《いちる》の夢想を託して死を選ぶ。これが「いじめ」られる側の論理でしょう。

しかし、中井久夫博士が『いじめの政治学』で詳論したように、「いじめ」で被害者を絶対的支配下におき、全能感を味わいたい連中からしたら、「命が尊い」と知るからこそ、人ひとりを自殺にまで追いこんだ自分らの「いじめ」が、後々まで仲間内で自慢できる武勇伝となりうる。

これが「いじめ」る側の道徳、とはいえないにしても「心理」であり「論理」であるのです。

このように、前提となる価値観がまるで逆のところで「命の尊さ」など教えたら、逆効果もいいところなのです。

政治とは数で押してなんぼ、性的少数者に権利保障など無用と信じている政治家たちへ、民主主義を崩壊させ人間の尊厳をないがしろにして恥ずかしくないのかと迫る例のほうが、のれんに腕押しにとどまるだけ「いじめ」の現場よりまだましかもしれない。

これら「いじめ」問題のパラドックスについては、私の長大なレクチャーがありますので、お時間のある方はご覧になってください。

http://www.school-market.net/lecture/1351233426/

西原理恵子の箴言――「自由ってね、有料なんですよ」

「道徳の次元」と「政治の次元」を嚙みあわせて一体化させた道徳の教育は可能だろうか。その答えの一端をかいまみせるベストセラーがあります。

二十六万部突破。

『君たちはどう生きるか』マンガ版の二百万超えはもとより、原作新装版五十万部にも届かないですが。

『女の子が生きていくときに、覚えていてほしいこと』(KADOKAWA)です。

内容はマンガ家西原理恵子先生の自伝、また反抗期の娘を見守る子育ての記です。それだけでも読みどころは多いのですが、ときどきフッと呟かれる「かあさんのノート」、じゃなかった幾多の人生フレーズの含蓄の深さは、もう半端じゃありません。

女の子でなくともためになることばっかりです。

その真骨頂が、ずばり、「自由ってね、有料なんですよ」の一行でしょう。

この「自由」という一語がはらむ膨大なもの。

夢も幸福も、有料。結婚だって離婚だって有料。進学や職業選択の自由だって、自己実現だって、「自分がどうしたいかをあきらめない」だって、みんなみんな有料。それもかなりに高価。

人権だって平等だって平和だって当然、とんでもなくお金がかかるのです。

西原先生は、エロ雑誌のカット描きとミニスカ・パブのバイトでやっとこさ百万円貯めたとき、「これでやっと風邪をひくことができる」と思ったそうです。風邪で休める自由は有料。対価百万円……。

そして「有料」の料は、いわゆるお金だけとは限らない。

要はコストということだから。

何を支払わなくてはならないか。何を持っていかれてしまうのか。

それはプライドだったり正気だったり、理想だったり愛情だったり、時間だったり自由だったり貞操だったり健康だったり身体だったり、友人だったり彼氏彼女だったり家族だったり親兄弟だったり、最後は人命だったりもする。

「「自分さえ我慢すれば」は間違い」と西原先生はのたまいます。幸せを他人へ譲ると、とことんつけこまれるから。

それは正しいですが、「我慢」そのものを先生は否定していないはず。

ここが大事。

だって、自由や幸せや夢が「有料」なんでしょ。だったら、買えるだけのお金、要求されるだけのコストが払えるまで蓄えるためには、いろいろ「我慢」しなくてはなりません。あきらめとしての我慢はだめだけど、努力に伴う我慢はそれはもうたっぷり覚悟しなくてはだめでしょう。

『女の子が生きていくときに、覚えていてほしいこと』と『君たちはどう生きるか』とを、「子どもへの二つの人生論」として並べて推奨したコラムがあります。

2017年11月4日付東京新聞夕刊の「大波小波」です。

「コペルニクス」をもじって「ガリレイ」と署名した匿名筆者（ガリ君⁉）は、西原先生を評価しながら、何よりも自分の幸せを中心におく自尊の姿勢が、独善へ陥らないかと危ぶみます。

そして、『君たちはどう生きるか』の「一、へんな経験」で、人間が分子に等しいと悟ったコペル君を、自分中心を超えた視点へ至ったとして持ち上げるのです。

だが、はたしてそうでしょうか。

西原先生の本は、「一、へんな経験」に描かれたコペル君の悟りくらい、とっくに繰りこんではいなかったか。

西原先生の教え通り、夢のため自由のため、金儲けへ邁進したならば、まず顧客に代表される世の中とガチの取引をしなくてはならない。

自分中心とか独善とかはその段階でたちまち吹っ飛ぶはずです。

そのさらに助走の段階ですら、先生は、美大入学前後の成績で、絵についての根拠のない自信をすぐ吹き飛ばされてぺちゃんこになって、みっともない自分と直面したといっています。

そして大事な「自分のことを客観的に判断できる」力が身についたというのです。

これは、コペルという あだ名の元ネタとつながる「コペルニクス的転回」と変わらないでしょう。あのおじさんの教えが、きわめて実践的な改造を施されて、西原先生の言葉に甦っています。

「今の場所が最低だと思うなら、そこを脱け出す戦略を立てる」。

ここで期せずして「戦略」という表現を用いた西原先生。

このとき、先生の裡には、「何よりまず人生の管制高地に立つんだ！」と隊長命令をとばす吉野源三郎砲兵少尉が転生していたのかもしれません。

課外活動から教科へなどとうわっつらばかりの改革を空回りさせて飽きない文科行政をしりめに、在野草莽《そうもう》の営みの底から、新しき道徳教育の芽生えを告げる曙光《しょこう》が、こんなかたちで射し始めているのでした。

「自由は有料」。

「社会科へ統合された修身」で、教えられるべきなのは何よりもこれでしょう。

#MeToo運動がセクハラおやじになめられる理由

先に韓国の#MeToo運動で、蛸が自分の足を喰うごとき自縄自縛が起こっている例を挙げました。日本の場合は、そこまでにも届いていません。

伊藤詩織氏やはあちゅう氏の告発が話題となった後、これといった進展を聞きません。

＊女性記者へのセクハラが暴かれた某福田次官を辞任させた件は、いま財務省を牽制しておきたい安倍政権がその意向への追い風に巧みにしてみせた快挙でしたが、その後、政府はいつのまにか、「万全を期した対策」として、「各省庁が記者クラブと意思疎通する場」を設けると決してしまいました（2018年6月13日付朝日新聞朝刊）。メディア論の門奈直樹立教大名誉教授がコメントしていましたが、ようするに今度似た問題が起きたとき、大ごとになるまえに抑えつけるもみ消し機関が出来たわけです。

なんとこれが、あの「米朝首脳会談」の翌日に発表されている。世界中の眼がシンガポールでの世紀の会談へ注がれ、ほかのニュースがすべてかすんでしまったあの日に……です。なんともなめられた話じゃありませんか（その三ヶ月後の九月十八日、このおためごかしの「協議の場」を常設でなくてよいとする野田聖子男女共同参画相の発表がなされます。2018年9月19日付朝日新聞夕刊）。

2018年4月7日付朝日新聞朝刊は#MeToo問題を取り上げ、セクハラの温床である芸能界について、告発などしたら二度と仕事ができなくなるというグラビア・アイドルの声を載せました。むろん、匿名です。取材をうけたと事務所にバレた時点で、もうすべては「終わる」そうですから。

それでは、#MeToo発祥のハリウッドではなぜ、「終わ」らないのでしょうか。人権意識の違い？　フェミニズム運動の厚み？　それらもあるかもしれません。しかし、あちらには、大前提として、SAG-AFTRAというものがあります。俳優やスタッフの組合ですね。

ここがまったく違います。

この組合に加入しなかったら基本的に仕事ができないので、ほぼ強制加入に等しい。実質的なクローズド・ショップです。

そのかわり映画会社等が、#MeToo発言を理由にある女優を干そうとしたら、全俳優を敵に回す覚悟をしなくてはならぬ可能性がある。

組合員となったら入会金三千ドルを払う。年会費二百ドル、収入の一・五％の手数料（いずれも概算）も支払わねばなりません。

会員は、俳優だけでも十一万人以上。ざっと計算してもいかに潤沢な資金を蓄えているかおわかりでしょう。

これならば、巨大な映画資本などを敵に回しても、優秀な弁護士や顔の広いロビイストをいくらでも雇えます。

もちろん男優も皆加入している組合ですし、これだけでセクハラがなくなるわけではまったくない。現に、この組合は前身から数えれば八十数年の歴史がありますが、#ＭeＴoo運動はごく最近始まったばかりです。しかし、取材をうけたと事務所にバレたらそれだけで「終わる」という日本とは大前提が違うのは確かでしょう。そもそも「事務所」という制度そのものがないエージェント制でもありますし。

正義を訴えるさまざまな運動が報じられるたびに、私がいつも考えてしまうのは、とくにわが国の場合、このようなお金の問題がいつもぬけ落ちていないかという一点なのです。

セクハラ告発では、劇団演出家の市原幹也氏を告発した女優の知乃氏が、加害を認め謝罪した市原氏の支払った示談金数十万円を、設立したセクハラ、パワハラ被害者を支援する団体の活動資金とするニュースが、ここをクリアしていました。

しかし、たったの数十万。端緒だから仕方ないにしても、以後、こうした#ＭeＴoo基金づくりが続々推進されているといった報道には接しません。

芸能人やマスコミから、介護ヘルパー、学生まで、あらゆる職種でセクハラはあり、#ＭeＴooに賛同する女性は膨大な人数になるでしょう。彼女ら彼らが、一口数百円でも数千円でも集めて、それなりの財団をなし、何十億の金が動けば、セクハラおやじたちの怯えは、告発報道の比ではないはずでしょう。

そうなれば、なめられませんよ。

セクハラはしてなんぼで日本経済を担ってきた男性たちは、「道徳の次元」での告発が多少メディアを騒がせたところで、たいしてびびりません。女たち、全然本気ではないなと判断するからです。彼らが、あいつら本気だと判断する基準は、どれだけお金が動いているか……何よりもまずこれなのです。

そんな莫大な支援金プールなど不可能でしょうか。

そうとも限りますまい。

被害経験ある女性は、数万数十万人どころではないでしょう。

そしていまは、クラウドファンディングで製作された劇場アニメが大ヒットし、途上国でのマイクロファイナンス（グラミン銀行）がノーベル平和賞をうけた時代なのですよ。ロングテールというのはもう死語なのかな。

2018年7月30日付毎日新聞夕刊は、すでに日本版グラミン銀行を起《た》ち上がらせ、シングル・マザー救済などに活用する動きを伝えています。本格的セクハラ告発にかかる訴訟費用や失職への保障について同じ方法が出来ないはずがない。

それでもお金が動くところまで行かないのでしたら、どこかが誰かが本気ではないのです。

ちなみに、２０１８年9月25日付日本経済新聞夕刊ほかは、大小の保険会社によるハラスメント訴訟費用保険の人気が急増していると報じていました。

そういえば、福島第一原発事故をうけた脱原発運動では、経産省まえにテントの拠点を設けてアピールを続けた人たちがいました。

彼女ら彼らにしてみたら憲法が保障する「集会の自由」、「請願権の行使」です。

彼らの活動を民主党政権は容認しましたが、自公政権となってから、国は撤去せよといいだした。

アピールは保障されているけれど、国有地を使うのは違法だというのが国側の言い分です。

批判の自由とプライバシー。アピールと土地使用権。

どちらの言い分が正しいのか。

テントでアピールした人々には、裁判をうける権利（or 権限）が、憲法上保障されています。

下級審の判決による仮執行が不満なら、しばらく待った！　をかける執行停止申し立ても法的に保障されています。

しかし、です。

そうした裁判をうける権利は保障されていても、弁護士費用はじめ、その経費支給は保障されていません。刑事被告人に限り、国選弁護人が保障されていますが、優秀な凄腕弁護士を選べる保障まではされていません。そんな助っ人を選びたいのならば、普通、大変な金がかかります。

執行停止申し立てが認められても、供託金を納めるのが条件だったりします。先の経産省まえの脱原発アピールの場合、五百万円の供託金が必要となったようです。

憲法とは悪質なる詐欺であった

考えてみたら、かつて「修身」を吸収した「社会科」、公民とか現代社会とか公共とかいった科目で教わる、日本国憲法や人権保障についての授業は、きわめて悪質な詐欺だったのです。マルチ商法やカルト宗教の勧誘は、当然ながら、おいしい話を次々に並べてくださいます。

わが憲法も、ありがたくもかしこくも、表現の自由を集会の自由を、政府へ請願する自由をわれら国民に保障してくれています。

だから、政府が、不当にもそうした自由を抑えつけてきたら、国民は、裁判で争う権利を憲法で保障されているのです。

ほかにも、憲法は国民へさまざまな権利を次々に保障してくれていますし、選挙制度ほか、政治へ要求をインプットできるルートもつけてくださっています。

しかし、そんなおいしい話があっていいのでしょうか。

あるわけがありません。

マルチ商法では、いいことずくめの話をして相手《カモ》が目を輝かせてぼーっとなった頃、それじゃあ夢を実現する第一歩として、まずあなたが自腹を切ってこれだけの商品を買い取ってくださいねとやさしくもちかけてきます。間もなくあなたの狭い部屋は開封していない段ボール箱で埋まるでしょう。カルトだったら、ありがたいご功徳を賜わるためには、ご先祖の罪障が付着した財産を教団へ喜捨して清らかな丸裸に還る必要があったりします。

日本国憲法がくださったありがたい人権保障に与《あずか》るのだって同じでしょう。

喩えていうならば、こうです。

幼い子どもに、豪華な料理のメニューとその写真を見せて、高級レストランへゆけば、こんなおいしいものがどれでも好きなだけ食べられるんだ。レストランは、誰も注文してはいけないなんていえない。

ホテルというところに泊まれば、掃除もクリーニングも食事も、すべていたれりつくせりのサービスをしてくれるよ。ホテルは、おまえはだめなんて拒めない。

東京ディズニーランドに行くと、こんな楽しいものばっかりが溢れているよ。

どれも誰もがいつでも毎日でも行っていいんだよ。以下同文。

なんて教えこむようなものです。

そして、その気になって、わーいいなあ、行きたい行きたい、すぐ連れて行ってとねだられて初めて、でもすごくお金がかかるんだ。はいれるのはお金持ちだけなんだ。父さんいま貧乏だから、また今度なと種を明かす。

これが、公教育で行われている。詐欺なのです。

*憲法といえば誰もが思い出すあの第9条だって有料、すなわち、コストを払ってこそ存続できる代物でしょう。

戦前のような軍隊も徴兵制もないいまの軽武装の日本とは、主権国家の領土をアメリカの基地に提供し、周辺住民(ほとんどは沖縄の)にさまざまなコストを負わせて、ようやく購入したものです。

歴史的、世界的に考えたら、かなり安い買い物といえないこともなく、それゆえ多くの国民は、日米安保条約と地位協定を黙認しています。

これらを拒絶したならば、また別のかたちのコストを国民の多くが払わされるとわかっているからでしょう。

払わされるのは、米軍基地のない日本の代わりに、増税により徴兵制を含む日本国民軍を創設して、もしかするとかつてのように、軍人が高い社会的地位を誇り、政治ほか社会一般へ影響力を与えるというコストかもしれません。

また、世界的には、日本で生きているだけで、私たちはまだまだ相当なお金持ちだというリアルも、あらためて見えてくるでしょう。

貧しい国では、日本国憲法を信じこませるなどというソフトな知能犯罪ではなく、露骨な暴力をふるって国民を抑えこむのが、やっとなのですから。

付言しておけば、日本国憲法を、安倍政権や石破さんが提唱するように改正しても、以上のような詐欺性はまったく変わりません。自民党の憲法草案が採用されても、野党のいう「立憲的改憲」が実現しても詐欺は詐欺。戦前の大日本帝国憲法だってやっぱり詐欺だったことに違いはありません。

では、この詐欺で誰が得をするのか。

資金力があってコストを自在にかけられるお金持ちです。彼らは国民のほとんどを占める貧乏人を、こうやって安心させ眠らせるのですよ。

人権が平等に保障されたよい国に生まれてよかったと心底信じさせる。ただし、実際に権利を行使するのはコストがかかるけど……。資金力がないと無理だけど……。そして経済的にはとんでもない格差があって、全然平等じゃないけれど……というところだけはしっかりと伏せて……。

本当に切羽詰まって、権利行使を決断したとき初めて、国民は、じつは貧乏人には無理なんだと思い知らされますが、そこまで追い詰められる例は、いまのところ意外と少ない。

ですから、詐欺だとはなかなかバレないのです。

このような詐欺の手口を暴いたのが、マルクス主義でした。

権力や富の格差を覆い隠すために、被支配者貧民へ美化されて教えこまれる日本国憲法のルールの数々、人権とか法の下の平等とか選挙権とか（ブルジョワ民主主義思想）を、マルクス主義では「イデオロギー」と称します。

プロローグで私が予告した、「いまマルクスから本当に学ぶべきこと」とは、学校で教えられる権利とか自由とかを説く憲法の授業がじつは詐欺の一種であると暴き、「金」がものをいう現実へ眼を開かせてくれるこの「イデオロギー」批判なのです。

この「イデオロギー」、思想とか主義とか訳される場合も多いですが、マルクス主義用語として訳すならば、「隠蔽装置」がもっともふさわしい。

すなわち、リアルを見えなくする魔法のベールです。

＊二〇一六年末、放映されヒットしたTVドラマ「逃げるは恥だが役に立つ」（脚本・野木亜紀子）の第十話で、ヒロインが放つ「好きの搾取」というセリフが話題を呼びました。契約で割り切った共同生活を営んできた男女。無職のヒロインは、専業主婦そのままの家事万端をこなしますが、彼女でも妻でもないので、ちゃんと対価をいただいてきた。やがて二人に恋愛感情が生まれ、プロポーズへ進みます。しかし、結婚したら、家事労働に対価は払われないのが普通でしょう。好きだから、愛情があるから、無償で働けというのは変じゃないか。そこでヒロインは、そんなの「好きの搾取」じゃないかと疑問を

ぶつけるのです。

話題になるのもよくわかる名ゼリフですが、マルクス主義の理論からすると、この語句は誤りではないかと考えられます。「搾取」されるのは、家事労働の賃金でしょう。それまで支払われていたのが、結婚後、払われなくなる。その分、夫は得をする。その分、妻の労働を搾取するからです。

同じ労働なのになぜ？　という妻の疑問に対して、夫婦愛があれば無償で家事をするはずだ、僕を好きならば、対価がなくても喜んで家事をやるはずだと、夫が答えとしたら、それは「搾取」という厳然たる現実を、「愛情」、「好き」という美名で幻惑し、覆い隠そうとしているといえましょう。

すなわち、ここで起こっているのは、「好きの搾取」ではありません。「好き」や「愛情」を、家事労働の「搾取」が見えないようにする隠蔽装置として用いようとする悪だくみ、すなわち「好きのイデオロギー化」、「愛情イデオロギー」だというべきでしょう。

では、この厚化粧が剝ぎとられたときに何が見えるのか。

自由を守るのも、権利を行使するのも、有料であること。

有能な弁護士を雇い、長い訴訟を耐えぬくだけの経費を出せるものだけが、人権を主張できるし、より潤沢な資金プールのあるほうが勝つということ。

政治に参加して、国家の決定へ影響を及ぼすのも、有料であること。

議員を当選させるのは、議会を動かすのは、個人の清き一票ではなく、政治献金であること。

あるいは、宗教団体や企業組合が動員をかける全体主義的な組織票であること。

さらにいえば、そうした政治家よりも、機構と情報量と学歴エリートとを蓄えた官僚組織のほうが、日本の政治を長くコントロールしてきたこと。

ようするにお金があるものが、その他、知恵でも情報でもなんでも所有している側が絶対強い現実が、彼我の絶望的な格差が、誰の眼にも見えてくる。

それを幼少期から知っていて、憲法の授業などはなから聴いていない大多数の国民が、あきらめと泣き寝入りこそが賢明ととっくに思い定めているのも無理はないとわかってきます。

そんな現状肯定へへたりこんでも、皆そこそこには生きていられる豊かさのなかに私たちはいまだおります。

それではいやだ。本気でそう思われますか。

でしたら、以上のごとき「現実」をとことん直視して、とりあえず果てしなく絶望していただきたい。

うすっぺらな希望へ飛びついて、自他をだましだまし生きてゆきたくなかったら……です。
＊こうした考え方は、「現実主義」と呼ばれてきたものに等しい。「政治の次元」というのもほぼ同じ意味です。
そして、昔の左翼陣営にも昨今のリベラルの方々にも、この現実主義はいたく評判が悪かった。

丸山眞男は、一九五二年、「「現実」主義の陥穽」を発表しました。このエッセイで丸山は、現実を直視せよという言説の多くが、既存の現実のみを「現実」だと考え、起こりつつある変革という「現実」を無視しているため、結果として支配権力の政治を「現実」的だと肯定追認し正当化するだけに終わってしまうと説いたのです。

鋭い指摘ではありますが、以後、これを根拠に、現実主義はすべてこの陥穽に落ちると短絡した思考へはまっていってしまったリベラル諸士をしばしば見かけます。

「ブロッギン・エッセイ〜自由への散策〜」で拙著『「反戦・脱原発リベラル」はなぜ敗北するのか』を書評してくださったE−KONEXT ONE先生も、そのひとりです。

所与の現実主義のみが現実主義であるという一次元的な理解へ陥り、結果として現実主義が変革力となる可能性を忘れてしまったリベラルたち。産湯とともに赤子を流しているのに気づかぬ人たち。

E−KONEXT ONE先生よ、それがあなたです。現実に存在する絶望的格差を直視せよという檄のどこが、既存の現実しか見ていないというのでしょうか。

絶望的格差は当然、どこかに歪み、すなわち変革のエネルギーを蓄積させます。

そして、その現実を見据えた者だけが、そこから生起するダイナミズムのうえへ己が理想を載せる機会を摑めるのです。

さあ、そろそろ『孫子』、毛沢東の『実践論』、『持久戦について』あたりを繙きましょう。

敵の圧倒的強さを知り、己のどうしようもないみじめさをも知る。この意味のすなわち革命的現実主義を手離さない限り、百戦は危うからずです。

変革はその端緒につく。

そして、社会革命という地平が、せわしくせわしく明滅しながら、あなたの視野に、いかにもたしかに浮上してくるでしょう。
＊ちなみにいえば、権利は有料だという現実を直視すると、逆もまた真だという発見にも辿りつきます。大金持ちにしか選挙権がなかった明治時代、自由民権急進派の中江兆民は、多数の曽根崎の貧民街住人たちから、クラウドファンディングを募り、登記を移させ、当選に必要な人数の金持ち＝有権者を即席製造し、第一回帝国議会衆議院議員選挙に当選しています。
選挙権のない在日朝鮮人たちは、戦後ずっと、日本社会党などに献金をして日本の政治へ影響を与え、自衛していました。

憲法によって「権利」とか「自由」として保障なんかされなくっても、コストを払う覚悟さえすれば、小さな力を束ねて実力へと編み上げてインプットする途をさまざまなところに切り開いてゆけるのです。そのためには、コストを捻出してゆく努力、我慢が必須となりますが。

生産者の「力」を知っていたマルクス主義者吉野源三郎

「隠蔽装置」の詐欺をそのままにして、日本国憲法の素晴らしさを説くごときお説教とは、『君たちはどう生きるか』は、次元を異にしています。

「おじさんのノート」は、自主的に考える尊さを説き、貧しい者を侮蔑するまなざしを戒めます。しかし、『君たちはどう生きるか』には、権利とか平等とかいう表現は出てきません。

日本国憲法以前の戦前、しかも軍部支配の進む時代の著である以上、それも当然と考えられますが、はたしてそれだけでしょうか。

マルクス主義を深く研究した吉野源三郎は、人権がイデオロギーであるという考え方を当然、知っていたはずです。

ですから、「四、貧しき友」の章で浦川君の豆腐屋を訪れて衝撃をうけたコペル君に向けたノート「人間であるからには」では、製造機械を備えて自営している浦川君（零細プチブル）と、そこで使われている吉どん（プロレタリアート）との階級差へ眼を向けさせたうえで、彼らがコペル君とは比較にならないくらい立派だと諭します。

人間だからみんな「平等」などとは決して説かない。

浦川君が、お坊ちゃんコペル君よりも上なのです。

それも、浦川君が貧しさに耐え苦労しているから立派だというのではない。そんな「モラルの面」、「道徳の次元」の話ではないのです。

浦川君が立派なのは、すでに一人前の「生産者」だから。「消費者」でしかないコペル君とは異なり、すでに経済社会の一端をささやかながらその双肩に担っているからなのでした。

「生産関係」において、社会を構成する一部品である以上、停まればほんのわずかでも、社会を滞らせることができる。

すなわち、ストライキという政治的圧力へつながる一粒であるわけで、ことは「政治の次元」へとつながってゆきます。

浦川君個人について考えても、彼が日々の労働現場で身につけたスキルは、てきぱきと売り物の油揚を揚げられるだけではありません。

水谷邸で皆がかつ子さんと遊んだとき、学校の体育はからきしだめな浦川君が、棒押しでは圧倒的強さを発揮します。

彼はいつも、天秤棒で店の若い衆と遊んでいて鍛えられており、コツをすっかり掴んでいたのです。

火かき棒であれ棕櫚《しゅろ》ぼうきであれ、手ごろな業物《わざもの》が一本あったならば、あの雪の日、浦川君は、北見君を上級生の暴力から守りぬけたかもしれません。

そう。浦川君が立派なのは、生産関係の一端を担えるスキル、階級闘争を担えるかもしれない闘いのスキルを、すでに身につけ、さらに鍛えゆく途上をいま歩んでいるからなのでした。どう生きるかを本気で考えるとき、必要なのは、じつは有料である自由や権利ではなく、まごう方なき「実力」であるのを、元砲兵少尉でかつマルクス主義者だった吉野源三郎は熟知していたのでしょう。

「修身」と「護身」――道徳教育モデル校茨海小学校に続け！

以上のような社会革命や安全保障までを視野にいれたマクロな社会科学的リアリズムと、ミクロなモラルとを融合させた「道徳教育」……。

じつは、それをカリキュラムとして取りいれた小学校が、『君たちはどう生きるか』刊行の十年以上まえ、大正末期に存在していたらしい。

場所は、岩手県。いやイーハートーブの茨海《ばらうみ》の野原。大日本帝国の学制から外れた狐の小学校です。

宮澤賢治のメルヒェン「茨海小学校」によると、私が偶然、参観を許された狐の学校の学制は、小学校と大学校のみ。

そのためか、小学校とはいっても、レベルは相当に高度です。

なにしろ、上級生になると「食品化学」などという科目があって、女学校の家政学レベルの栄養分析を学ぶのですから。たとえば鶏とか油揚とかの脂肪だの蛋白質だののパーセンテージを。

狐の学校でも、「修身」が教えられます。しかし、たいへん興味深いことには、今年からカリキュラムが改革され、「護身」と統合して教えるようになり、効果を上げているというのです。

狐の先生は、まず「最高の偽《うそ》は正直なり。」という板書を示して、どんな巧みな嘘でも見破られぬものはない。もし完璧な嘘をつこうと検討を重ねつくしたとき、真実を語るところへ辿りつく。そして、なまじな嘘よりもそのほうがよい結果が出る。そう教えると、今度は「正直は最良の方便なり」と板書し、両格言は同じだとまとめるのです。

おお、これは諺に秘められた心理学的法則、その弁証法的な解明ではないですか!?

当時、勃興しつつあった応用心理学の影響も感じられます。ミュンスターベルヒの実験からこれと近いネタを考えついた江戸川乱歩が、「心理試験」を発表したのは、この「茨海小学校」の一年後です。

先生の授業は、ごく自然に「護身」への応用へと移ってゆきます。「正直こそ最良の方便」の心理法則からは、人間が仕掛ける狐罠を見破る鍵が導きだせる……といった具合に。

聞きながら人間の参観者は、「何だか修身にしても変だし」頭がぐらぐらしてきますが、修身と護身の統合とは何かをハッと悟ったらしい。それが何であるかは書かれていません。

しかし、人間科学の認識とモラルとが合流するところに教材を求め、護身という安全保障（武）と修身《モラル》（文）との連続性を踏まえたクールな斬新さから、二一世紀日本の人間たちが学べるものは多そうです。

社会科学、行動科学の知見を学ぶとは、あの「政治の次元」、「軍事の次元」ですね。即ち「武」です。修身は元より「道徳の次元」、「文」（「儒」）です。この両者を一体のものとして同時に学ぶ。そのとき、幕末の知性藤田東湖や横井小楠が唱えた、「文武を岐《わか》たず」というテーゼが、新たな生命を得て蘇って来ないでしょうか。

イギリスで大反響を呼び、日本でも二十年ほどまえ訳されて今なお版を重ねている実践的ないじめ対策本のタイトルが、『自分をまもる本』だったことも私はふと、思い出しました。

気になったことがひとつ。

茨海小学校の「修身＝護身」は、どうやら正規の教科となっているようですが、はたしてどんな成績評価をしているのでしょうか。

何らかの点数をつけるのか？　それともコメント評価だろうか？

考えるに、評価は一切しないのではないでしょうか。

本当に役立つ授業、生きていくのに必要な内容だと直感できたならば、試験も評価もなかったとしても、サボる生徒などいるわけがないからです。

エピローグ――東亜回天篇

評論とは物語が描けない者による二次創作である

ここまで読み進んでくれたあなた。

どうもありがとうございました。

前篇後篇を通読し、ここまで辿りつく読者はあるいはわずかかもしれません。読みやすい本ではありませんし、そもそも本とはめったに最後まで読まれるものではないですから。

それにしても――

どうにもこうにも強引な解釈ばかり。

深読み裏読みというより、すべて無理読みではないか。

そう思われた方も多いことでしょう。

しかし私は、評論するとか解釈するとかいうのは、結局のところ「二次創作」の一種だと考えております。

ただ、楽しいお話を綴る才能がない私のようなものは、あれこれ理屈をこねるというかたちで二次創作を発表するほかないのです。

そして本来、読者は誰でもその読者なりの読み方しかできないのですから、あらゆる読書は、脳内で二次創作をする作業にほかならない。そうも考えているのです。

浦川妹に萌えろ！——無表情クール・キャラもちゃんといた

このたびあらためて、『君たちはどう生きるか』原作を読みながら、私はずっとこの物語の二次創作を夢想し続けていました。

プロローグで、かつ子さんを存在すら削除したマンガ版を、「惣流・アスカ・ラングレーが出てこない（もちろん、式波も、綾波レイも出てこない）「新世紀エヴァンゲリオン」」と評したのをご記憶でしょうか。

あれは私の、そんな夢想、もしくは妄想の飛沫にほかならないのです。

もうおわかりのように、私の二次創作『君たちはどう生きるか』はまず、アニメ、ライトノベル、萌えテイストとして、発想されています。

メインキャラクターは当然、ドSツンデレ美少女の水谷かつ子さんでしょう。

かつ子さんを、『エヴァ』のアスカ、『涼宮ハルヒ』シリーズのハルヒ、『俺の妹がこんなに可愛いわけがない』の桐乃の役回りとしたとしたら、どうしても、綾波レイ、長門有希、黒猫の立ち位置を占めるもうひとりの美少女が登場しなくてはなりません。

そうです。ドSツンデレと対照的な、無表情系クール・キャラです。陽に対する陰。アクティヴに対するパッシヴ。洋に対する和。

『君たちはどう生きるか』にかつ子さん以外の女子は出て来ません。創作するしかないのでしょうか。

ところが……です。

『君たちはどう生きるか』は本書がここまでで充分証明してきたように、さまざまな読み方へ読者を誘うデテールが溢れた作品なのですよ。

それはキャラクターにもいえます。

水谷邸の昼食会で一瞬、姿を見せる水谷兄、コミュ障、引きこもり系の哲学徒についてはちょっと触れました。

「二、勇ましき友」に登場するコペル君たちのクラス担任、大川先生なんていうのも、熱血リベラル教師といった感じで、一回だけで退場させるのは惜しいサブキャラです。

で、かつ子さん以外にも女の子は登場するのでしょうか。

するのです。

「四、貧しき友」で、浦川君の豆腐屋を訪れたコペル君。油揚をてきぱき仕上げる浦川君のスキルに感嘆させられた後、コペル君は浦川君の勉強部屋へ案内されます。

話していると襖が開き、小学校五、六年ぐらいの少女が、たい焼きとお茶をのせたお盆をうやうやしくささげ、「まるで免状をいただくときの総代のよう」に怖ろしくすました顔で、入ってきます。

学校で習ったお作法を実地に使うのはこのときだとばかりの、過剰なお行儀のよさで、しずしずと……。

浦川君の妹です。

コペル君とは一言もしゃべらず、下の名前すら出てこない彼女ですが、綾波・長門・黒猫系キャラは、感情を抑えに抑えられるこの少女しか考えられません。

しかも彼女、学校では級長。

浦川君によれば「僕よりも学校は出来る」優等生なのですから。

既述の一九六〇年製作の東映映画「君たちはどう生きるか」では、この浦川妹がちゃんと登場します。

映画の萌えポイントは断然、三つ編みツインテールの浦川妹でしょう。

かつ子さんが原作通り、おかっぱぱっつんだったら、断髪モガと三つ編み和風娘と、なかなか映える対照だったのですが、映画のかつ子さんはごく普通のポニーテールだったのですから。年下のコペル君をいぢりまくるかつ子さんと、おとなしそうだが意志の強そうな黒い瞳で、コペル君を見つめる浦川妹。

コペル君はもちろん、内向的で傍観者ぎみな超鈍感。

この三角関係で、キャラ配置、ラブコメ人間ドラマ部分のコアは出来そうです。

もうひとつの昭和史へ――羽ばたく少年少女たち

凝りたいのはやっぱり世界観ですね。

時代は昭和十二年のままがよいでしょう。

せっかくたぐい稀な激動の季節なのですから。

しかし、史実そのままにはしない。

マンガやアニメやゲーム、ライトノベルでは、実際の歴史的過去をある程度踏まえつつ、史実から飛躍させたSFファンタジー・ワールドを設定する物語がすでにずいぶんあります。

徳川時代がベースのものでは、『銀魂』、『蟲師』、『伏　鉄砲娘の捕物帳』など。大正期では、『大正野球娘。』とか『サクラ大戦』とか。

これらの昭和十年代版です。エンタメではマンガ化、アニメ化もされた柳広司のスパイ小説『ジョーカー・ゲーム』シリーズが、ずばり昭和十二年を舞台にしていました。

史実ではすでに述べたように非合法共産党はすでに壊滅していますが、この物語では、コミンテルンからの潤沢な資金援助により、各方面へひそかに組織を拡大している。

殊に、エリート官僚と軍人の赤化は進みつつあります。

コペル君のおじさんは、彼らの同志でした。無職で自由な身の上のまま、各方面と連絡をとるのが、彼の任務だった。

その傍ら、優秀なエリート子弟であるコペル君を指導して、秘蔵っ子革命家に育成しようとしていたのです。

昭和十二年はまた、陸軍青年将校がクーデターを起こし鎮圧された「雪の日の出来事」二・二六事件の翌年でもあります。

物語では、こちらの残党もまだだいて、今度こそ権力を掌握し、国家改造を実現せんとクーデターの機を窺っているのです。

高畠華宵描く美少女そのままのいでたちで社交界デビューしたかつ子さんはたちまち、若きエリートたちに取り巻かれます。

そのひとりは、企画院の星と噂のキャリア官僚、じつは共産主義者です。

またひとりは、海軍の軍令部にいる青年将校。ファシズムとマルクス主義を研究し、国家改造の志を秘めています。

かつ子さんは、彼らからさまざまな知的刺激をうけながら、政治と革命への関心をいよいよ深め、いつしかコペル君を、おじさんの知的影響下から奪ってみたいとたくらみ始めます。

コペル君の友人たちも、十代の後半へはいり、将来の展望を抱き始めます。

ガッチンこと北見君はどうなるでしょうか。

予備陸軍大佐の頑固なお父さんが軍人以外のコースを許してくれるとは思えませんでした。当然、進学先は、陸軍士官学校しかない。それ以外、考えてもいませんでした。

ところがです。北見父は、決して頑迷で旧態依然をよしとする軍人ではなかったのです。考えてみれば、軍人一筋だったら、義務教育を終えたら、陸軍幼年学校へ入り、そこから士官学校へ進むのが当時のエリートコースでした。そうではなく、北見君を旧制中学に入れたのは、これからは陸軍にも、新時代に対応できる広い視野を培った人材が必要だとひそかに考えていたからだった。

ですから、北見君が最近、コペル君や水谷君ら、文弱なお坊ちゃんたちと親しくなってゆくのを、お父様は必ずしも悪いことではないと見ていました。

そして、陸軍士官学校だけがおまえの進路ではないぞと、北見君に語るようにまでなったのです。

満州国陸軍軍官学校を受験してみないか。あそこは、ハイカラだし、おもしろいかもしれないぞ。あるいは、大学で学んでから軍人になる途だってある。これはまだ極秘なんだが、間諜養成の特殊学校開設が計画されておるのだ。そこでは、軍人らしからぬ人材、自由主義かぶれなんぞがむしろ適任だという議論さえある。どうだね。案外、おまえに合うんじゃないか……。

水谷君は、一高、帝大を経て、外交官にでもなろうかなと思い始めていました。

しかし、財界大物のお父さんは、貴族院議員として政界へも足をかけつつあった。水谷君には、早く学校を出て、秘書となってサポートしてほしいらしいのです。

長男は、跡継ぎには心もとない哲学「おたく」青年ですからね。

しかし、コミュ障引きこもりであっても超エリート学徒の水谷兄。激動の時代に放っておいてはもらえません。ハイデガーの弟子だというユダヤ系ドイツ人カール・レーヴィット東北帝大教授が、突然、水谷邸へあの兄さんを訪ねてきたりするのです。

嗚呼、五族共和！——浦川君、大アジアへ雄飛

浦川君はどうでしょう。

彼にも秘めた野望がありました。

豆腐の相模屋を大きな食品問屋にする……とかではありません。

エリート中学では劣等生の浦川君ですが、「二、勇ましき友」には、漢文だけはだんとつでトップだとあります。どんな白文でもすらすら読めてしまうのです。

父母の出身地山形には多くの親戚がいる浦川君。そのひとりで明治初期に上京し、長く中学校や女学校の漢学の先生をやっていたおじいさんが、幼い浦川君に漢文素読を叩きこんだとかはどうでしょう?

その老人、明治の東京で、亡命中の孫文らと交流し、支那革命を支援した若き日もあったのです。

そしていま、山形は鶴岡出身の偉い軍人少将石原閣下を中心に、支那との戦争を早期に終わらせ、アジア諸国諸民族の対等連携と白人文明への対抗を志している東亜連盟という組織の噂が、おじいさんの周辺から聞こえてくるようになるのですよ。

体を壊して豆腐屋をやめ郷里へ帰った吉どんの代わりに雇われたのは、日本人ではありませんでした。朝鮮か満州の人らしいパクさんです。とても仕事ができて快活な彼は、たちまち商店街でも人気者となります。

しかし街が寝静まった頃、パクさんは、浦川兄妹へいろいろな話を聞かせるようになります。五族共和を掲げる満州国の理想と現実。民国軍、日本軍、八路軍いりみだれる中華戦線。そして、大アジア解放の夢。

やがて深夜の講義には、深夜の教練が加わります。

パクさんは棒術の達人。兄妹は夢中で教わり、妹ちゃんは浦川君をはるかに凌《しの》ぐ上達を見せるのでした。

上海の東亜同文書院か旅順高等学校、あるいは新京の満州建国大学予科へ進学したい。発展する新天地満州で、食品会社を拡大させながら、五族共和のために尽くせないだろうか。毎日、煮えたぎる油で豆腐を器用に揚げながら、少年の夢は玄界灘のかなたへ拡がってゆくのです。

かつ子さん、日米開戦を阻止せんと起つ

ラブコメ部分を彩るダブル・ヒロインは決まりました。キャラがよく立った脇役たちの多彩な未来も、どうやら出揃いました。

それでは、メインとなるストーリーはどうなるのでしょう。

『君たちはどう生きるか』で、少年たちを巧みに煽動し、彼らの犠牲を逆手にとった決死のロビイングによって、旧制中学の悪弊、上級生の暴力的支配を覆したかつ子さん。

財閥令嬢として社交界デビューしつつある彼女は、あの充実と感激が忘れられません。

あんなわくわくどきどきする企てを、もっとはるかに大きな舞台で展開してみたい。

女ナポレオンの血潮は、いよいよ滾《たぎ》ります。

おりしも、日華の戦争は泥沼へ陥って久しく、日米関係を覆う暗雲は濃くなるばかりです。

資源確保のため、軍部は仏印蘭印など東南アジアへの進出を必須と考え始めています。

陸海軍軍人のあいだには、遠からず日米開戦をと猛る声も、少なくありません。

しかし、財界人の父を持つかつ子さんには、経済力の格差ひとつをとってもそれが無謀すぎる破滅への途であるのが見える。

またナポレオンに憧れたかつ子さんは、官僚化し、陸軍と海軍が縄張り争いに明け暮れる日本の軍隊のせせこましさにすっかり幻滅しています。

彼女の目には、軍人たちが、弟や北見君、浦川君へ腕力をふるった上級生と重なって映るようになっていました。

弟やコペルさんの中学で圧政を覆した英雄的企てを、この大日本帝国でもできないかしら。

いまや、それがかつ子さんの野望なのです。

しかしです。

大財閥の娘とはいえ、優秀な革新官僚や青年将校が取り巻きとなりつつあるとはいえ、まだ一女子大生にすぎぬかつ子さんに何ができるでしょうか。

ここで、読者の興味を大きく惹きつけ、全体のストーリーを締める謎がひとつ仕掛けられます。

それは、本人自身もまだ知らないコペル君の秘密です。

コペル君の亡くなったお父さまは、大銀行の重役でした。

彼は、国策絡みの巨大な投資プロジェクトに関わり、満鉄へ出向、極秘の調査に関わっていたのです。

そして、きわめて重大な発見をし、その報告書を、誰にも提出しないまま、急死を遂げてしまったのでした。

そして報告書は、コペル君が成人して家督を継ぐ日まで、某所の金庫に厳重に保管されるべし、という遺言が残されたのです。

報告書にまとめられていたのは、満州国龍江省斉斉哈爾《チチハル》市からほど遠からぬ地点で発見された、莫大な埋蔵量が期待される油田の存在でした。

コペル君が結婚して法的に成人したとき、満州最大の地下資源情報が彼の手に握られる。

かつ子さんと浦川妹ちゃんの恋のさやあて、コペル君争奪戦は、こうして大東亜の未来が選択される天下国家の大事となってくるのでした。

かつ子さんは、大日本帝国が握れる潤沢な石油資源を、陸海軍の暴発を封じる手綱としようともくろみます。

真珠湾攻撃による無謀な日米開戦の、アメリカほかによる対日資源禁輸、殊に石油を断たれることへの怯えと焦りという背景は、よく知られています。

牧野邦昭先生の『経済学者たちの日米開戦』（新潮選書）は、行動経済学の知見を援用して、悲観的絶望的観測は、現状維持よりも勝率が乏しい賭けを選ばせがちであるのに対し、余裕ある未来観測は、現状維持を選択させると、当時の軍部の心理を分析しました。

満州の大油田情報は、ここで大きなカードとなるでしょう。

浦川妹とその兄の背後となる石原莞爾の東亜連盟にとって、やがて対ソ連戦争を遂行するためにも、満州国の高度工業化は必須です。石油資源のありかは、モンゴルのウラニウム鉱脈とともに、一日でも早く欲しい情報にほかなりません。

さて、東亜経綸《けいりん》の明日を決する、コペル君争奪戦の行方やいかに？

日米開戦ははたして回避できるのか？

満州の地は、石油資源と原子力エネルギーにより、ソ連、アメリカと拮抗できる大工業地帯となるのか？

そのため必要となる世界最先端の開発技術を、大日本帝国ははたして手にすることができるのか？

哲学徒水谷兄は、レーヴィット教授を介して、世界最高の知性を網羅し情報量を誇る亡命ユダヤ人ネットワークへアクセスできるのか？

彼らを結集させるシンクタンク都市は、満州国のどこかに誕生するのか？

動き始めた事態に、コミンテルンの意向に疑問を感じ始めたおじさんは、何を決意するのか？

お父さまの秘書として国際外交の裏面を知ってゆく水谷君。

間諜のための高度なスキルをわがものとしてゆく北見君。

アジア各地で機を窺う諸民族の志士たちと交流する浦川君。

そしてかつ子さんには、満州映画協会（満映）から李香蘭に次ぐ女優として、スカウトの話が舞いこみます。

『君たちはどう生きるか』は、ほんの序章にすぎなかった！

もうひとつの昭和史の怒濤のただなかへ身を投じてゆく紅顔の少年少女たちの運命や如何に!?　いわば、『はいからさんが通る』の時代を二十年遅らせたバージョンに、乞う御期待……です!!

斎藤美奈子先生は、２０１７年12月15日付朝日新聞朝刊ほかで、コペル君たちはちょうど、大東亜戦争末期、「学徒出陣で命を落としていく世代」に該当するところに注意を促しています。

鋭い読みといえるでしょう。

私は、斎藤先生のこの指摘を読んで、彼らが非業の死を回避し、豊かな天分と個性をはばたかせてゆける昭和史の改変を、ますます構想したくなったのでありました。

求む、ジブリの向こうを張るクリエーター

『君たちはどう生きるか』がベストセラーとなったのは、宮崎駿監督の新作が、「君たちはどう生きるか」だと発表されたのも一因とされています。

しかし、宮崎作品は、タイトルを借り、作中に『君たちがどう生きるか』が登場するものの、物語自体はまったく関係のない冒険ファンタジーのようです。

それはそれで楽しみではありますが、『君たちはどう生きるか』オリジナルが、浦川妹に代表されるスタンバイOKな未使用キャラが、未展開のままのデテール仕込みが、このまま終わるのはもったいなくはないか。

タイトルや固有名詞は、著作権上勝手には使えないでしょう。しかしそこは、多少の改変に

よってクリアし、昭和史サスペンス大ロマンとなった『君たちはどう生きるか』を実現したいラノベ作家、アニメ監督等は、どこかにおられないでしょうか。

われこそは、というお方のご連絡をお待ちしております。

あとがき——

名著とは、広場でありカフェであり読書会である

まずあとがきから読もうとしている君……。

もしかして、大学のレポートで、『君たちはどう生きるか』が課題となったとか？

それともまだ中高生で、感想文かな？

それならば、この本買ってよ。ネタの宝庫だからさ。使えるよ。きっと。

本文は難しそうというか超絶難しいけれど、プロローグとエピローグだけでも、十分パクれるからね。

さあ、君たちはどうパクるか……な？

読み方次第で、まるで意想外な顔を現わしてくる。

それが本当の「名著」というものではないか。

本書で私は、これを実践してみせようと考えました。

一般的印象としては、熱心な先生や父母が、「読ませたい本」ではあっても、生徒にしてみたら、「読みたい本」ではなく、「読ませられる本」の典型。

裏切りと悔恨、謝罪を語る、湿っぽくお説教くさい道徳の副読本。

そんなイメージをまとってきた『君たちはどう生きるか』が、あるいは、微笑ましいボーイ・ミーツ・ガール物語として読める。

あるいは、激動の一九三〇年代を背景とするマルクス主義対実存哲学という現代思想のドラマとしても読める。

暴力は「実力」を背景としなくては倒せないというクールな認識を踏まえたダイナミックな政治劇としても読める。

暴力的制裁に直面して、勇気を見せた友人と怯懦《きょうだ》を顕した自分。そして頭越しの解決という寓話による、今日まで続く戦前戦後の日本の権力と知識人と国際情勢をめぐる図式についての見事な予言としてすら読める。

私は、『君たちはどう生きるか』をそう読んでみました。そう読んだほうが、断然おもしろく、かつ「使える」と思ったからです。

さあ今度は、「君たちはどう読むか？」ですよ。

「ニコニコ動画」という、誰もが自作の動画をインターネット上へ投稿発表（共有）できるサービスのなかに、「歌ってみた」というジャンルがあります。

その名の通り、著作権上問題のないアニメソングなどを自分で「歌ってみた」音源を動画付きで公開するもので、中には何万回も視聴されたり、そこから人気アーティストが生まれたりする例も珍しくありません。「演奏してみた」も当然、あります。

同じ曲、同じ歌詞であっても、ボーカルや演奏者が異なれば、その分だけはオリジナルな楽曲でしょう。さまざまなアレンジが加われば、なおさらです。

これは、楽譜や脚本だけに限りません。

書物など、文字で書かれたテキストもまた、読者それぞれの「読み」の数だけ、オリジナルな作品を増殖させているはずです。

すなわち、読書とはすべて「読んでみた」にほかならないでしょう。

「歌ってみた」を投稿する人たちは、視聴したマニアたちからの賞賛や共感のコメントを欲しています。

すなわちみんな、承認欲求を充たされたいのです。

同じように、読書する人たちも、自分たちの「読み」を承認されたいと、じつは強く欲求してこなかったでしょうか。

実際、ネット上には初期から書評系のサイトやブログが、また後にはツイッターのアカウントが、膨大に生まれてきました。

そして――

近年、読書会ブームといわれます。参加者がそれぞれ推したい本をアピールして競い合うビブリオバトルも普及してきました。

ネット上の感想や書評、それらへの反響が、十数年蓄積され、ついにバーチャルを超えでて、オフでリアルで本を語り合い、互いに承認を競う愉しみが求められるようになったのでしょうか。

あるいは、ネット全盛の時代が、東日本大震災前後から漸く陰りを見せ、「会いにゆけるアイドル」とか、CDよりもライブ会場での物販が収益となるとかいわれる動きが、読書界にも及んだのでしょうか。

しかし思えば、昭和の昔から、読書サークルの歴史はずっとありました。

さらにはるか近代以前には、本は音読するのが普通であり、読書は聴き手やツッコミを前提とするものだったらしい。

そうです。読書とは、決して、孤独な営みなどではないのです。

読みたい本を選ぶときも、自分本来の関心だけでなく、流行しているから、評判だから読んでみるかと書物を手にとる場合も少なくない。

書物とは本来、各自なりの「演奏」、すなわち「読み」を交わし合って、他人と交流するためのメディアだったのです。

じつは、本書も、読書会から生まれました。

まだ二年にも満たないですが、私は「星読ゼミナール」という読書会を主宰しております。

これは毎回、課題とされた星新一のショートショートを参加者に読んでもらい、それをたたき台として自由に語り合って、ときおり私、浅羽通明が、コメントしたり、小レクチャーを挟んだりする形式で、続けてきました。

作品を文学的に読むというよりも、現代のイソップといわれた星新一の一見シンプルな寓話をいわば触媒として、参加者が日頃考えていること、思いや意見、人生観、読書体験などを引き出し、気軽に披露し合って楽しむといった感じでしょうか。

予備知識や特別な素養はむろんまったく必要ありません。

じっさい話題は、人間観や道徳論や幸福観、男と女や、会社と仕事や、家庭や日常、時事問題やサブカル系、おたく系のネタ、歴史や宗教や思想、哲学まで、毎回、あらゆる方向へと拡がってゆきます。

短いシンプルな物語をめぐって、こうした無数といってよい「読み」が交わされたとき、人間や世界の本質を洞察した深い内容を蔵していたことが、あらためて見えてくる。

そんな集まりです。

この集まりでは、最後にいつも、浅羽通明の時事的論考を主とする最新原稿をプリントアウトして、物販しています。

元来、商業メディアへの露出を抑制しがちで、二十年以上発行してきたニューズレター「流行神」も現在休刊状態の私ですので、リアルタイムの文章発信は、この物販が中心です。

二〇一八年四月には、マガジンハウス刊のマンガ版が、ベストセラー街道を驀進中だという話題に合わせて、『君たちはどう生きるか』異論――リベラルの内向き倫理の源流」と題した原稿を販売しました。

これは参加者とその周辺には幸い好評であり、ひいては幸い新書化の企画へ発展し、本書上梓へと至ったわけです。

即、対応してくださった幻冬舎の志儀保博氏にはただ深謝するほかありません。

物語を「読んでみて」語り合う集まりから、「名著」をどう「読んでみた」かを披露する新書が生みだされた。

考えてみたら、本書もまた、読書会みたいなものかもしれない。

なぜなら、著者となっている浅羽通明が、ひとりで『君たちはどう生きるか』を「読んでみて」、ひとりで考え、執筆したものではないからです。

『君たちはどう生きるか』を、「読んでみた」読者は、すでに数多くいます。そのどう「読んでみた」かを、公にした識者も多い。

ブームのずっと以前にも、丸山眞男、関川夏央、斎藤美奈子、佐藤卓己といった人たち。今回のブームにからめて著書を出した池上彰、上原隆、村瀬学、小林よしのりの各氏。

考えてみれば、ブームのご本尊たるベストセラー『漫画 君たちはどう生きるか』もまた、羽賀翔一先生が原作をどう「読んでみた」かを、二次創作のかたちで提示したものといえましょう。

本書は、私がこうした人たちの「読み」を受け止めたうえで、こちらの「読み」を投げ返したエア読書会の実況中継なのです。

ただ、羽賀先生のマンガ版や池上、村瀬ほかの諸先生に対しては、かなりの批判を加える結果となってしまいました。

ここは読書会とはちょっと異なるかもしれません。

多くの読書会では、互いの感想や意見をけなさないといったルールを定めているようです。

私もそれでよいと考えます（議論したいという方はそれはそれでよろしいですが）。

しかし、プロの著述業者においては、批判・反批判のバトルもまた、お客様へ披露するショー・ビジネスの一部なのです。

そして、このエア読書会は、本書の最後のページまで至っても、まだ終わったわけではありません。

なぜなら、あなたのような読者の皆様もまた、(けなしあいやディスりあいをするかはともかくとして)すでにエア読書会の新しい参加者であり、あなた方の新たな「読んでみた」が加わることによって、エア読書会はさらに続いてゆくからです。

あなたの「読んでみた」は、どういうかたちで、こちらに届くでしょうか。

ネット上でしょうか。

その場合、こちらから反応を返すためのツイッターアカウント、『君たちはどう生きるか』集中講義@浅羽通明」@Q1Jr7yJ3G35pQTsを開設してあります。

直接、著者へ話したい方は、先に触れた「星読ゼミナール」に参加していただくのが手っ取り早いかもしれません。

「星読ゼミナール」は、毎月一回、台東区湯島にある「夜学バー・〝ｂｒａｔ〟」(地下鉄千代田線湯島駅下車二分、ＪＲ御徒町下車四分。台東区上野２-４-３池之端すきやビル３Ｆ)で、開催しております。

内容を同じくする土曜日夜のAクラスと日曜日午後のBクラスの二部制で、それぞれ十人前後が参加。それぞれ約三時間ほど。

参加費はドリンク別で千五百円です。

読書会は苦手とか関心ないという方は、終了後からの参加でもおおいに歓迎いたします。

「星読ゼミナール」最新の予定は、ツイッターアカウント「星読ゼミナール☆星新一の読書会」@d0FLMHYUqJIz5tmで、毎月、告知しておりますので、ぜひチェックを！　そしてふるってご予約を!!

こうした読書会的集まりの企画は、今後、徐々に増やしてゆく予定です。

現在、準備中なのは、いよいよ終焉する「平成」という時代を、それぞれがどう生きてきたかを「天皇家と私たち」、「ネットと携帯電話」、「エヴァンゲリオン以後」、「懐かしき犯罪」、「小泉純一郎時代」、「災害の記憶」などといったテーマごとに皆で思い出し、自由に語り合う「平成史ゼミナール」です。

これは二〇一九年春頃にはスタートさせたい。

本書や『君たちはどう生きるか』を直接扱うオフの読書会は、いまのところまだ企画しておりません。

しかし、もし皆様の希望が寄せられたならば、オフで「読んでみた」を持ち寄る企画も考えたいと思っています。

コペル君たちの学校や、浦川君の豆腐屋があった商店街のモデルを歩く聖地巡礼ツアーとかも可能かもしれませんね。

どういうかたちであれ、読者の皆様の声を聞きたい。そして、古くは丸山眞男が、これは『資本論』入門だっ！　と驚いた頃から続いてきた『君たちはどう生きるか』エア読書会を、さらに豊かに盛り上げたいものです。

そういう私のほうも、言いたいことを言いつくしたわけではありません。

殊に、知るかぎり、『君たちはどう生きるか』をもっとも精緻に読みこんで全面的な批評をまる一冊の著書とした村瀬学先生の解釈に対する私からの批判は、ページ数の関係もあり、本書にはごく一部しか載せられませんでした。

しかし、単に同業者への批判というにとどまらず、自民党女性議員の雑誌寄稿がらみで浮上した「生産性」についての議論がすでに扱われているなど、おもしろい論点が少なくない。また、後篇末尾にある「修身と護身」を統合した道徳教科書という、はしょってしまったためわかりにくくなってしまった部分の、もう少し嚙み砕いた説明もカットせざるをえませんでした。

そこで、その削除部分をＰＤＦにまとめたものを、本書の読者へ付録として送信したいと考えています。

読みたい方は、①氏名　②電話番号　③PDFが受信できるメールアドレス　④「省略原稿希望」と明記のうえ、後記のアドレスへメールしてください。

また、私の前著、『「反戦・脱原発リベラル」はなぜ敗北するのか』でも、希望する読者へ付録コラム「本当は怖い立憲主義の話」が送信されました。

この内容は、本書が後半で扱った「正義と実力」というテーマとか、あるいは「憲法とは詐欺である」という告発とかに関心を抱いてくださった方にも、あるいは興味深く読んでいただけるかもしれません。

ご希望の方は、①氏名　②電話番号　③PDFが受信できるメールアドレス　④「付録コラム希望」と明記のうえ、後記のアドレスへメールをよろしくです。

以上、種々、お申込み、ご予約、お問い合わせその他、感想、意見などは、このアドレスへお願いします。

asabami@piko.to

郵送の連絡先は、

〒170-0002豊島区巣鴨1-19-7朝日巣鴨マンション1304　浅羽方　みえない大

学本舗　です!!

最後になりましたが、前著に引きつづき、著者近影を撮ってくださったフォトグラファー裕木奈江氏に、深い感謝の意を表してむすびとさせていただきます。

二〇一八年九月

浅羽通明

著者略歴

浅羽通明
あさばみちあき

一九五九年、神奈川県生まれ。

「みえない大学本舗」主宰。著述業。八一年、早稲田大学法学部卒業。

著書に、『ニセ学生マニュアル』三部作（徳間書店）、『大学で何を学ぶか』（幻冬舎文庫）、

『右翼と左翼』（幻冬舎新書）、『ナショナリズム』『アナーキズム』

『「反戦・脱原発リベラル」はなぜ敗北するのか』（すべてちくま新書）、

『教養論ノート』（リーダーズノート新書）、『思想家志願』『天皇・反戦・日本』

『昭和三十年代主義』（すべて幻冬舎）、『野望としての教養』（時事通信社）、

『教養としてのロースクール小論文』（早稲田経営出版）、『澁澤龍彦の時代』（青弓社）、

『時間ループ物語論』（洋泉社）等がある。

幻冬舎新書 520

『君たちはどう生きるか』集中講義
こう読めば100倍おもしろい

二〇一八年十一月三十日 第一刷発行

著者 浅羽通明
発行人 見城 徹
編集人 志儀保博
発行所 株式会社 幻冬舎
〒一五一-〇〇五一 東京都渋谷区千駄ヶ谷四-九-七
電話 〇三-五四一一-六二一一(編集)
〇三-五四一一-六二二二(営業)
振替 〇〇一二〇-八-七六七六四三
ブックデザイン 鈴木成一デザイン室
印刷・製本所 中央精版印刷株式会社

Printed in Japan ISBN978-4-344-98521-6 C0295
あ-1-2
幻冬舎ホームページアドレス http://www.gentosha.co.jp/
*この本に関するご意見・ご感想をメールでお寄せいただく場合は、comment@gentosha.co.jp まで。

幻冬舎新書

浅羽通明
右翼と左翼
右翼も左翼もない時代。だが、依然「右―左」のレッテルは貼られる。右とは何か？　左とは？　その定義、世界史的誕生から日本の「右―左」の特殊性、現代の問題点までを解明した画期的な一冊。

上原隆
君たちはどう生きるかの哲学
いま素朴で実直な問いかけが人々の心に響く。〈個人が失敗し後悔し、そこから意味を見つけて成長することこそが哲学なのだ〉という鶴見俊輔の考え方を補助線に不朽の名著を丁寧に読み進める。

梶谷真司
考えるとはどういうことか
0歳から100歳までの哲学入門

ひとり頭の中だけでモヤモヤしていてもダメ。考えることは、人と問い語り合うことから始まる。その積み重ねが、あなたを世間の常識や不安・恐怖から解放する――生きることそのものとしての哲学入門。

丸山俊一＋NHK「欲望の民主主義」制作班
欲望の民主主義
分断を越える哲学

世界中で民主主義が劣化している。今、世界の知性たちは何を考えるのか――？　若き天才哲学者、マルクス・ガブリエルら六人が考察する政治変動の深層。世界の現実を知る必読書。

副島隆彦
老人一年生
老いるとはどういうことか

老人は痛い。なのに同情すらされない。若い人ほどわかってくれない。これは残酷で大きな人間の真実だ。5つの老人病に次々襲われた著者の体験記。痛みと老化と医療の真実がわかる痛快エッセイ。

野瀬泰申
文学ご馳走帖

志賀直哉『小僧の神様』で小僧たちが食べた「すし」とは？　夏目漱石『三四郎』が描く駅弁の中身とは？……文学作品を手がかりに、日本人の食文化がどう変遷を遂げてきたかを浮き彫りにする。

工藤美代子
読ませる自分史の書き方

どうしたら読み手を唸らせる「自分史」を仕上げることができるか。読ませるポイントや、やってはいけないことなど、執筆の肝を、第一線のノンフィクション作家が具体的に伝授。自分史入門の決定版！

本多京子
塩分が日本人を滅ぼす

介護要らずの、幸せな長生きのためには「健康寿命」を延ばすこと。それには塩分を控えることが最重要。だが、味の濃い加工食品や調理済みの既製品を好む現代日本人は、「見えない塩」に侵されている！　意外に知らない、日本の食卓の危機。

幻冬舎新書

島田裕巳　中田考
世界はこのままイスラーム化するのか

なぜ今、キリスト教が衰退の兆しを見せ、イスラームの存在感が増しているのか？　テロや紛争、移民問題に苦悩しつつも、先進国が魅せられる理由とは。比較宗教学者と屈指のイスラーム学者が激突！

曽野綾子
人間の分際《ぶんざい》

ほとんどすべてのことに努力でなしうる限度があり、人間はその分際（身の程）を心得ない限り、到底幸福には暮らせない。作家として六十年以上、世の中をみつめてきた著者の知恵を凝縮した一冊。

森博嗣
孤独の価値

人はなぜ孤独を怖れるか。寂しいからだと言うが、結局つながりを求めすぎ「絆の肥満」ではないのか。本当に寂しさは悪か。——もう寂しくない。孤独を無上の発見と歓びに変える画期的人生論。

大野芳
吉田兼好とは誰だったのか
徒然草の謎

日本三大随筆の一つ「徒然草」の作者・吉田兼好は生没年ともに不詳で、その存在は藪の中にある。660年間ベストセラーであり続けた特異な随筆の作者像をノンフィクション作家があぶりだす。